Jan Kröger/Harald Süß

URKUNDEN

texten und kalligraphieren

Jan Kröger/Harald Süß

URKUNDEN

texten und kalligraphieren

Anleitungen und Vorlagen

Augustus Verlag Augsburg

Die Deutsche Bibliothek – CIP-Einheitsaufnahme

Urkunden texten und kalligraphieren: Anleitungen und Vorlagen / Jan Kröger und Harald Süss. – Augsburg: Augustus-Verl., 1993

ISBN 3-8043-0216-5

Einige der abgebildeten Urkundenbeispiele erfüllen in der Qualität der Wiedergabe nicht alle Ansprüche.
Da in diesem Buch nur wirklich verliehene Urkunden als Beispiele aufgenommen wurden, konnten in diesen Fällen nur die bei den Kalligraphen noch vorhandenen Fotos – und nicht die Originalurkunden – als Druckvorlagen dienen.

Umschlaggestaltung:
Christa Manner, München
Layout: Michael Stiehl

AUGUSTUS VERLAG AUGSBURG 1993

Satz: Fotosatz Uhl + Massopust, Aalen
Reproduktionen: Repro Ludwig, Zell am See
Druck: Druckerei Appl, Wemding
Printed in Germany
ISBN 3-8043-0216-5

Größe und Verarbeitungstechnik der abgebildeten Urkunden

Seite 6: Ernst Schumacher, Verleihungsurkunde: 21 × 26 cm, Fidelitas-Karton, Temperafarbe

Seite 11: Leopold Feichtinger, Verleihungsurkunde: 55 × 38 cm, chinesische Tusche und Aquarellfarbe auf Kalbspergament, Reliefvergoldung

Seite 13: Ernst Schumacher, Verleihungsurkunde: 29,7 × 42 cm, grau marmorierter Fidelitas-Karton, Scribtol und Temperafarbe

Seite 15: Ernst Schumacher, Verleihungsurkunde: 21 × 39 cm, Lampenschirmpapier, Scribtol und Aquarellfarbe

Seite 16, oben: Ernst Schumacher, Verleihungsurkunde: 29,7 × 42 cm, grau marmorierter Fidelitas-Karton, Temperafarbe

Seite 16, unten: Ernst Schumacher, Verleihungsurkunde: 29,7 × 42 cm, Conqueror-Karton, Temperafarbe

Seite 17: Prof. Friedrich Neugebauer, Anerkennungsurkunde: 30 × 42 cm, Urkundenvordruck auf Büttenkarton

Seite 19: Prof. Walter Stähle, Partnerschaftsurkunde: 27 × 45 cm, Doppelblatt auf Kupferdruckbütten, Tusche und Aquarellfarbe, Initialen reliefvergoldet

Seite 20: Ernst Schumacher, Verleihungsurkunde: 23 × 29 cm, grau marmorierter Fidelitas-Karton, Temperafarbe

Seite 21: Ernst Schumacher, Gautschbrief: 31 × 46,5 cm, Urkundenvordruck auf Büttenkarton, Namen nachträglich eingesetzt. Erhältlich beim Urkundenverlag Schumacher, D-78315 Radolfzell, Schäferhalde 10

Seite 51: Prof. Friedrich Neugebauer, Patenschaftsurkunde: 30 × 42 cm, Tusche und Aquarellfarbe auf Büttenkarton

Seite 62: Leopold Feichtinger, Verleihungsurkunde: 50 × 68 cm, chinesische Tusche, Aquarellfarbe und Muschelgold auf Kalbspergament

Seite 65: Harald Süß, Verleihungsurkunde: 50 × 70 cm, chinesische Tusche und Temperafarbe auf Ingrespapier

Seite 66: Ernst Schumacher, Verleihungsurkunde: Doppelblatt 21 × 29,7 cm, (Seitenformat DIN A 5), Conqueror-Karton, Scriptol und Tempera, als Mappe in rotem Kunstleder gebunden, Textseiten fest eingeklebt

Seite 67, links: Ernst Schumacher, Verleihungsurkunde: 21 × 29,7 cm, Conqueror-Karton, Temperafarbe

Seite 67, rechts: Ernst Schumacher, Verleihungsurkunde: 23 × 29 cm, Conqueror-Karton, Scribtol und Aquarellfarbe

Seite 68: Harald Süß, Verleihungsurkunde: 26 × 38 cm, Eisengallustinte und Aquarellfarbe auf Pastellkarton

Seite 69: Prof. Friedrich Neugebauer: Anerkennungsurkunde: 30 × 42 cm, Urkundenvordruck auf Büttenkarton, Namen und Datum nachträglich eingesetzt

Seite 70: Ernst Schumacher, Adresse: 21 × 29,7 cm, Kentucky-Maschinenbüttenkarton, Temperafarbe

Seite 71: Ernst Schumacher, Verleihungsurkunde: 29,7 × 42 cm, grau marmorierter Fidelitas-Karton, Scriptol und farbige Tusche

Seite 72, oben: Prof. Friedrich Neugebauer, Verleihungsurkunde: 30 × 42 cm, Urkundenvordruck auf Büttenkarton, Namen und Daten nachträglich eingesetzt

Seite, 72 unten: Harald Süß, Verleihungsurkunde, chinesische Tusche und Temperafarbe auf Ingrespapier

Seite 73: Ernst Schumacher, Anerkennungsurkunde: 35 × 47 cm, grau marmorierter Fidelitas-Karton, Tempera

Seite 74: Prof. Walter Stähle, Schenkungsurkunde: 20 × 32 cm, Aquarellfarbe auf Büttenpapier

Seite 75: Prof. Walter Stähle, Verleihungsurkunde: 24 × 45 cm, Tusche und Aquarellfarbe auf Kalbspergament

Seite 76: Rudolf Koch, Diplom

Seite 77: Prof. Friedrich Neugebauer, Meisterbrief: 42 × 30 cm, Urkundenvordruck auf Büttenkarton (hier: Musterblatt mit eingesetzten Namen und Daten)

Seite 78: Ernst Schumacher, Verleihungsurkunde: 29,7 × 42 cm, weißer Elfenbeinkarton, Scriptol und Temperafarbe

Seite 79: Wappenarchiv Dochtermann, Wappenurkunde: 40 × 60 cm, Büttenkarton

Inhaltsverzeichnis

Urkunde

In Anerkennung
der herausragenden
Verdienste in über 30jähriger Tätigkeit
als Dirigent der Musik- und
Milizkapelle Bad Peterstal
ernennen wir anläßlich unseres
125jährigen Jubiläums Herrn
Musiklehrer Franz Huber
zum Kur-Kapellmeister

BAD PETERSTAL - GRIESBACH
29. JULI 1990

OTTO STECHER
BÜRGERMEISTER UND
KURDIREKTOR

HERBERT WAIDELE
ERSTER
VORSITZENDER

Einführung

Die *Urkunde* als schriftliches Dokument kann auf eine lange Überlieferung zurückblicken. Sie läßt sich in ihrer Grundform bis in vorrömische Zeit nachweisen und spielt bei praktisch allen schriftlich ausgerichteten Kulturgesellschaften eine bedeutende Rolle. Lag ihr ursprünglicher Zweck in der rein sachlichen Beglaubigung von rechtlichen Vorgängen und Verbindlichkeiten, so umfaßt der Begriff *Urkunde* im heutigen Sinne auch Schriftstücke privaten Charakters ohne unmittelbare Rechtswirkung, wie zum Beispiel Anerkennungen, Ehrungen oder sportliche Erfolge.
So wie sich eine Urkunde in ihrer inhaltlichen Aussage von anderen Veröffentlichungen unterscheidet, erwartet man das auch von ihrer äußeren Form. Ihre Gestaltung ist deshalb schon in früheren Zeiten Gegenstand künstlerischen Wirkens gewesen, wobei sich die kalligraphische Ausführung allen zeitlich-geschmacklichen und technischen Veränderungen zum Trotz bis in die Gegenwart behaupten konnte.
Urkunden erfreuen sich steigender Beliebtheit und es scheint, als ob noch nie so viele ausgestellt worden wären wie gerade in unserer nüchternen, hochtechnisierten Zeit. Gerade weil heutzutage ein Überangebot an – meist nicht sehr geschmackvollen – einschlägigen Vordrucken besteht und man zudem auch die ausgefallenste Schriftgestaltung ohne Schwierigkeiten am Bildschirm herstellen kann, wird für besondere Anlässe immer öfter der Ruf nach echter, gediegener Handarbeit laut. Damit eröffnet sich jedem Kalligraphen ein breites Betätigungsfeld, stellt ihn aber auch vor neue Fragen der Planung, Gestaltung und Ausführung.
Dieses Buch gliedert sich in zwei Teile und will sowohl dem Auftraggeber und Textersteller als auch dem künstlerisch Ausführenden Rat und Hilfe sein. Es ist aber bewußt kein einschlägiges Lehrbuch der Kalligraphie, denn zu diesem Thema sind bereits mehrere Titel im gleichen Verlag erschienen.

Der erste Teil befaßt sich mit dem textlichen Erfassen von Urkunden. Beginnend mit den Grundbestandteilen, die jedes dieser Dokumente enthalten sollte, wird der inhaltliche Aufbau der gängigsten Formen von der schlichten Anerkennung bis zur Grundsteinlegungsurkunde anschaulich erläutert. So bauen Sie »Ihren« Text schrittweise auf und erfahren bei den stilistischen Hinweisen, welche häufigen Fehler sich vermeiden lassen. 68 praktische Textbeispiele bieten Ihnen die Möglichkeit, Anregungen für die inhaltliche Zusammenstellung Ihrer Urkunden zu schöpfen.

Der zweite Teil wendet sich vorwiegend an den Kalligraphen, bietet aber auch dem Auftraggeber Wissenswertes. Das betrifft vor allem den Abschnitt *Typographische Planung*, in dem Schriftarten, Blattformat und Textanordnung behandelt werden. Bei der *praktischen Ausführung* werden neben den verschiedenen Schreibflüssigkeiten die Eigenschaften von Papiersorten, Pergament und Papyrus vorgestellt und schließlich der eigentliche kalligraphische Arbeitsvorgang vom Entwurf bis zur Reinschrift mit Vergolden und Siegeln behandelt. Der letzte Abschnitt widmet sich der Aufbewahrung in Rahmen, Rollen und Mappen.

Alle in diesem Buch wiedergegebenen Urkunden wurden mit der Hand geschrieben und sollen Ihnen die vielfältigen Möglichkeiten gestalterischer Ausdrucksmittel bildhaft machen. Neben dem ausführenden Kalligraphen sind, soweit in Erfahrung zu bringen war, auch Originalformat, Beschreibstoff und Verarbeitungstechnik vermerkt.

Seite 6:
Ernst Schumacher: Ernennung zum Kur-Kapellmeister (Verleihungsurkunde)

Erster Teil: Texterfassung

Einleitung

Wer eine Urkunde plant, wird sich über kurz oder lang mit der Frage des Inhalts auseinandersetzen müssen. Aber nicht nur für den Auftraggeber, sondern auch für den Kalligraphen steht zunächst einmal der Text im Vordergrund, denn dieser gibt dem künftigen Werk die ersten Umrisse und nimmt auch wesentlich auf die Ausführung und den damit verbundenen Arbeitsaufwand Einfluß.

Bevor man beginnt, sich über den Wortlaut Gedanken zu machen, sollte man sich im klaren sein, welchen Zweck die Urkunde verfolgt, denn ihm muß der Inhalt und damit auch die Länge des Textes entsprechen. Es gilt also ein ausgewogenes Verhältnis zu finden, denn eine bescheidene Vereinsehrung mit unnötigen Floskeln wirkt ebenso unpassend wie eine im Telegrammstil abgefaßte Beglaubigung einer Städtepartnerschaft. Gleichfalls wird ein als Einzelstück gedachtes Blatt anders als der Text für einen Urkundenvordruck geplant werden. Ziel eines jeden Textgestalters muß es sein, mit klaren und dem Anlaß angemessenen Worten die Zweckbestimmung für jedermann verständlich und unzweifelhaft erkennbar zu machen.

Welche Grundbestandteile eine Urkunde im allgemeinen enthalten sollte, erfahren Sie im nachfolgenden Abschnitt. Ausgehend davon, werden die einzelnen Arten von Urkunden und ihre inhaltlichen Besonderheiten sowie der Textaufbau mit Beispielen zur Formulierung ausführlich behandelt. Die »*Stilistischen Hinweise*« sollen als Hilfsmittel zur Vermeidung von Stilfehlern dienen. Auf diesem Grundgerüst aufbauend, wird es mit ein wenig Phantasie keine Schwierigkeit bereiten, selbst als Textverfasser tätig zu werden. Die nach Gattungen geordneten Musterurkunden sind als Vorschläge und Anregungen gedacht, wenn man sich einer Orientierungshilfe bedienen will oder schnell einen fertigen Text benötigt.

Die Grundbestandteile

Immer wieder kann man feststellen, daß bei Urkunden wichtige, oft unabdingbare Angaben fehlen und damit letztlich ein auch noch so aufwendig ausgeführtes Werk im Wert erheblich geschmälert wird. Unvollständige Inhalte, vergessene Beglaubigungen, unterlassene rechtsverbindliche Formeln oder mangelhafte Datierungen müssen nicht sein. Deshalb muß man auch bei Urkunden mit kurzem Wortlaut auf die Grundbestandteile achten. Das folgende Fragespiel hilft dabei.

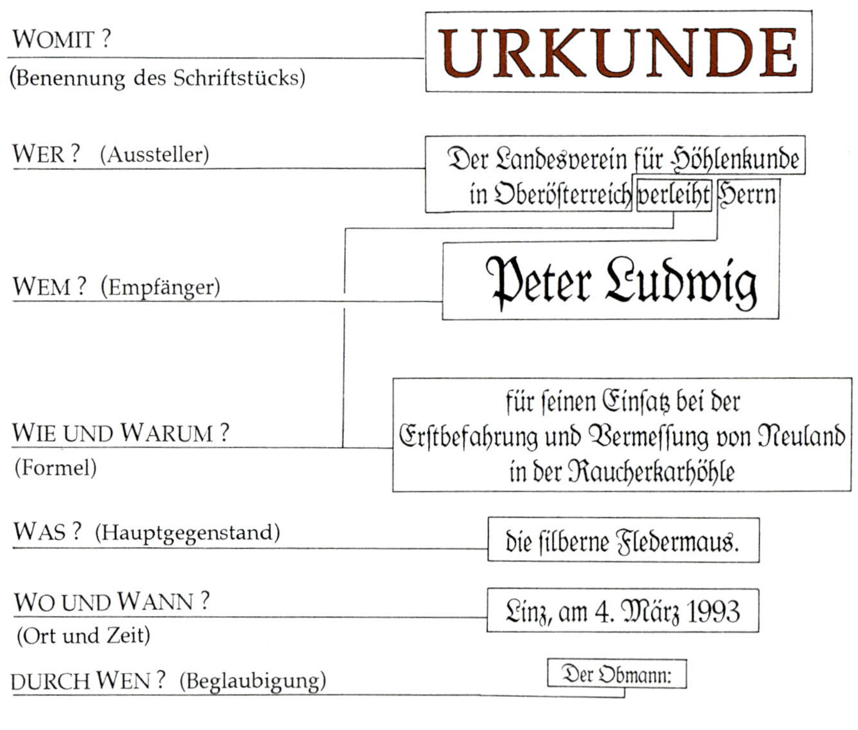

Wer? – *Der Aussteller*

Der Aussteller (nicht zu verwechseln mit dem Beglaubiger) ist in den meisten Fällen eine juristische Person, also eine Vereinigung, Körperschaft, Firma oder staatliche Stelle. Er verleiht unter seinem Namen das Schriftstück. Die Namensbezeichnung ist unbedingt auszuschreiben, zur genaueren Kennzeichnung sollte auch der Ort hinzugefügt werden. Man verwende nur allgemein übliche Abkürzungen (z. B.: GmbH, e.V.)

Wem? – *Der Empfänger*

Seine Bezeichnung beginnt mit einer Anrede (Herr, Frau oder Firma), die ausgeschrieben wird. Dem Namen vorauszustellende Titel werden nur dann genannt, wenn sie Namensbestandteil sind (z. B. Dr., Dipl.-Ing.) oder im unmittelbaren Zusammenhang mit dem Inhalt stehen, wie etwa Berufs- oder Vereinstitel. Die Namensbezeichnung ist unbedingt vollständig anzuführen, wobei die Reihenfolge Vorname(n) – Nachname(n) einzuhalten ist. Etwaige Abkürzungen von Zweitvornamen sind nur dann statthaft, wenn dies den Schreibgewohnheiten des Empfängers entspricht. Zur besseren Kennzeichnung des Empfängers kann dem Nachnamen oder der Firmenbezeichnung der Wohnort beigefügt werden, also z. B.: »Dr. Rainer Müller, Augsburg«.

Was? – *Der Hauptgegenstand*

Er ist ein Recht oder eine Sache, dessen Erwerb, Verleihung oder Gründung die Urkunde bestätigt. Das kann eine Würde oder eine sichtbare Auszeichnung, ein Titel, Preis oder Vertrag, aber auch die Urkunde selbst als alleiniges Mittel einer Ehrung sein.

Wie und Warum? – *Die Formel*

Sie ist der Wortlaut, der die bisher genannten Grundbestandteile erklärend und beschreibend miteinander verbindet und läßt sich inhaltlich in Satzaussage (Art des Erwerbes der Urkunde) und Begründung (des Erwerbes) unterteilen. Im Gegensatz zu den anderen Elementen bietet die Formel, abgesehen von eventuell rechtsverbindlichen Wortlauten, weitgehende Bewegungsfreiheit. Näheres dazu erfahren Sie im Abschnitt *Textaufbau*.

Wo und Wann? – *Ort und Zeit*

Die Datierung erfolgt entweder nach Ort und Zeit der Ausstellung oder nach der persönlichen Verleihung. Es kann auch der Zeitpunkt wichtiger Beschlußfassungen Eingang finden. Bei der Zeitangabe ist die Reihenfolge Tag – Monat – Jahr einzuhalten, wobei man den Monatsnamen nach Möglichkeit im vollen Wortlaut schreibt.

Durch Wen? – *Die Beglaubigung*

Nachdem der Aussteller in den seltensten Fällen eine natürliche Person ist, müssen Zeichnungsberechtigte oder Zeugen der Handlung mit ihren Unterschriften die Richtigkeit des Inhalts bestätigen. In diesem Zusammenhang wichtige Titel der Unterzeichnenden, wie z. B. Vorsitzender, Preisrichter, Geschäftsführer, Prüfer oder Bürgermeister, werden ebenfalls genannt. Üblich sind zwei Unterschriften – wobei die der höherrangigen Person immer rechts steht –, doch wird man in bestimmten Fällen nur eine oder mehrere Personen unterzeichnen lassen.

Womit? – *Die Benennung*

Mit der Vergabe einer Bezeichnung wie Ehrenurkunde, Meisterbrief oder Diplom erfährt das Schriftstück eine mehr oder weniger genaue Einordnung. Ist es gleichzeitig Hauptgegenstand oder ergibt sich die Beurkundung aus dem textlichen Sinnzusammenhang, unterbleibt zweckmäßigerweise eine zusätzliche Nennung als Überschrift.

Die Urkundenarten

Allgemein gesehen kann die Zweckbestimmung einer Urkunde eine Ehrung, die Bestätigung einer Leistung, der Abschluß eines Vertrages sowie die Gründung einer Rechtspersönlichkeit oder Sache sein. Die hier getroffene Aufzählung behandelt nur die wichtigsten und für eine kalligraphische Ausführung in Frage kommenden Arten. Unter Beachtung der Grundbestandteile sowie der bei den zutreffenden Merkmalen genannten Hinweise wird es aber auch in Fällen, die sich nicht eindeutig zuordnen lassen, möglich sein, zu einer befriedigenden Lösung zu kommen.

Die Anerkennungsurkunde

Sie enthält nur eine Anerkennung oder Ehrung ohne weitere rechtliche oder sachliche Zueignung und ist somit selbst der Hauptgegenstand. Vereine und berufliche Fachverbände bedienen sich ihrer zur Würdigung langjähriger Mitgliedschaft, von Verdiensten oder der Teilnahme an einer Veranstaltung. Die Anerkennungsurkunde wird auch für Leistungen vergeben, die nicht im Wettbewerb oder prüfungsmäßig erbracht wurden. Die gängigen Bezeichnungen sind *Urkunde, Ehrenurkunde* oder *Ehrenbrief*; die Sprache der Formel ist gehoben.

Die Verleihungsurkunde

Mit ihr wird der ehrenhalber erfolgte (also nicht vom Empfänger unmittelbar angestrebte) Erwerb eines Rechts oder einer Sache beglaubigt. Der Hauptgegenstand kann beispielsweise eine Ernennung und Würde (Ehrenmitglied, Ehrenbürger), ein Titel (Dr. e. h.), ein Preis (»Gutenberg-Preis«) oder ein Gegenstand (Ring, Nadel, Orden) sein. Die Formel soll in feierlichen Worten die Verdienste des Empfängers hervorheben, aufgrund deren die Ausstellung erfolgte. Neben den auch bei der Anerkennungsurkunde verwendeten Bezeichnungen sind auch die Begriffe *Ernennungs-* und *Verleihungsurkunde* üblich.

Die Wettbewerbsurkunde

Sie beglaubigt eine im beruflichen oder freizeitlichen Wettbewerb erreichte besondere Leistung und die sich daraus ergebenden Rechte und Titel. Hauptgegenstand kann also ein Rang oder ein Preis, eine Note oder eine sonstige spezielle Bezeichnung sein. Der Inhalt der Formel ist sachlich und knapp, soll jedoch Art und Rahmen des Wettkampfes sowie die erreichte Leistung (Punkte, Zeit, Bewertung) enthalten. Aussteller ist der Veranstalter des Wettkampfes, beglaubigt wird durch die Preisrichter, Organisatoren oder Leiter des Wettbewerbes.

Die Sporturkunde

Als Sonderform der Wettbewerbsurkunde bestätigt sie mit meist sehr wenig Worten das Erringen sportlicher Erfolge. Oft wird auf einen vollständigen Satz verzichtet und nur die einzelnen Daten werden stichwortartig angeführt. Trotzdem müssen die Art der Veranstaltung, die sportliche Disziplin sowie die erreichte Leistung eindeutig hervorgehen. Als Bezeichnung ist *Siegerurkunde* recht beliebt. Für den Aussteller und die Beglaubigung gilt das gleiche wie bei der Wettbewerbsurkunde.

Das Zeugnis

Leistungen, die nicht Gegenstand eines Wettbewerbs sind, werden mit Zeugnissen rechtsgültig bescheinigt. Dazu zählen die Ergebnisse von Prüfungen sowie Bescheinigungen, die über erworbene Kenntnisse und Fähigkeiten Auskunft geben. Bei knapper Sprache sind die wichtigsten Inhalte die genaue Bezeichnung der Art und Bewertung (Benotung) der erbrachten Leistung. Die Beglaubigung erfolgt meist durch einen oder mehrere Prüfer. Behörden haben in der Regel vorgegebene Wortlaute, so daß man kaum in Verlegenheit kommen wird, ein amtliches Schriftstück texten zu müssen.

Der Meisterbrief

Wie bereits bei den Zeugnissen erwähnt, werden auch die Texte von Meisterbriefen durch die jeweiligen Handwerks- und Handelskammern festgelegt. Die genaue Angabe der Fachrichtung und vollständige Nennung des erworbenen Meistertitels dürfen aber auf keinen Fall fehlen. Für Gesellenbriefe gilt das Gesagte sinngemäß.

DER LANDESHAUPTMANN VON OBERÖSTERREICH
BEURKUNDET,

daß die oberöſterreichiſche Landesregierung in ihrer Sitzung am 19. Oktober 1982 im Grunde des §3 Abſ.1 der O.ö. Gemeindeordnung 1979, LGBl. Nr. 119, die Gemeinde VORCHDORF im politiſchen Bezirk Gmunden in Anerkennung der beſonderen wirtſchaftlichen, kulturellen und hiſtoriſchen Bedeutung zum MARKT erhoben hat, die Gemeinde Vorchdorf iſt berechtigt, die Bezeichnung „Marktgemeinde" zu führen.

Die Marktgemeinde Vorchdorf führt weiterhin das von der oberöſterreichiſchen Landesregierung in der Sitzung am 12. Juni 1967 verliehene Gemeindewappen und die von der oberöſterreichiſchen Landesregierung in der genannten Sitzung genehmigten Gemeindefarben.

DER LANDESHAUPTMANN VON OBERÖSTERREICH

DR. JOSEF RATZENBÖCK
LINZ, AM 19. OKTOBER 1982

Leopold Feichtinger: Markterhebung (Verleihungsurkunde)

Das Diplom

Als besondere Zeugnis bestätigt es den erfolgreichen Abschluß einer Studienrichtung durch Verleihung eines meist akademischen Grades (Dr., Dipl.-Ing., usw.), der auch Hauptgegenstand ist. Als Aussteller kommen nur Behörden oder öffentlich-rechtliche Körperschaften, also alle Arten von Hochschulen und Universitäten in Frage. Die in der Regel vorgeschriebene Formulierung ist wissenschaftlich-sachlich, bei bestimmten Studienrichtungen bedient man sich auch einer Fremdsprache (z. B. des Lateinischen).
Ob die Bezeichnung Diplom oder Diplomurkunde als Überschrift erscheint, entscheidet der Aussteller.

Partnerschaftsurkunde

Zu den häufigsten Verträgen, die in festlicher Aufmachung abgeschlossen werden, zählen die Partnerschaftsurkunden. Sie beglaubigen ein partnerschaftliches, meist über Staatsgrenzen hinausgehendes Verhältnis zwischen Städten und Gemeinden. Die beiden Partner sind dabei wechselseitig Aussteller als auch Empfänger. Die Formel soll Bedeutung, Zielsetzung und Versprechen der Partnerschaft umfassen; diesem Anlaß ist eine gehobene Sprache angemessen. Die Urkunde kann entweder einsprachig (in diesem Fall erhalten die Partner das Dokument jeweils in der Sprache des andern) oder – was vorzuziehen ist –

zweisprachig in doppelter Ausführung ausgefertigt werden. Unterschriften leisten die Bürgermeister, Gemeindevertreter sowie Personen, die sich um das Zustandekommen besonders verdient gemacht haben.

Die Verpflichtungsurkunde

Verpflichtungen im hier behandelten Sinne sind Verträge, die zugunsten einer Person oder Personengruppe geschlossen werden. Das kann die Gewährung eines Deputats (*Deputatsurkunde*), eine Schenkung (*Schenkungsurkunde*) oder die Übernahme einer Patenschaft (*Patenschaftsurkunde*) sein. Aussteller ist die sich verpflichtende Person, Empfänger der Nutznießer. Inhalt der Formel sollen der Gegenstand der Verpflichtung sowie die sich daraus ergebenden Rechte sein, die mit klaren Worten zu beschreiben sind.

Die Gründungsurkunde

Mit einer Gründungsurkunde wird die erstmalige Errichtung einer Rechtspersönlichkeit feierlich bestätigt. Das kann beispielsweise ein Verein, ein Unternehmen oder die Einrichtung einer Stiftung (*Stiftungsurkunde*) sein. Aussteller und Unterzeichner ist die gründende Personengruppe oder Körperschaft; Hauptgegenstand und gleichzeitig auch Empfänger die Neugründung. Die Formel soll Beschluß, Zweck und Zielsetzung enthalten.

Die Grundsteinlegungsurkunde

Bei der Errichtung bedeutender Bauten ist es üblich, eine Grundsteinlegungsurkunde auszufertigen und mit einzumauern oder unter Verschluß zu halten. Sie ist nicht für die Gegenwart gedacht, sondern als Mitteilung an einen zukünftigen Entdecker (und damit gleichsam Empfänger) und soll über Planung, Beschluß, Ausführung und Bestimmung des Bauwerks, aber auch über die zur Bauzeit herrschenden politischen, wirtschaftlichen und sozialen Verhältnisse unterrichten. Das erfordert eine besonders klare und von zeitbedingten Fremdwörtern und Modebegriffen freie Sprache. Aussteller ist der Träger des Bauwerkes, der Hauptgegenstand das Bauwerk selbst. Es ist üblich, alle wichtigen, im Zusammenhang mit der Errichtung stehenden Persönlichkeiten unterzeichnen zu lassen.

Der Wappenbrief

Das Recht zur Führung eines öffentlich-gültigen Wappens (z. B. für Gemeinden) wird durch Verleihung erteilt. Im privaten Bereich besteht jedoch die Möglichkeit, sich sein überliefertes oder auch selbst entworfenes Familienwappen in festlicher Form bestätigen zu lassen. Heraldisches Grundwissen ist allerdings dazu Voraussetzung, denn das Wappen als Hauptgegenstand muß in allen Teilen genau beschrieben werden. Die Beglaubigung läßt man zweckmäßigerweise durch jenes Wappenarchiv oder Forschungsinstitut vornehmen, das auch die Überprüfung einer früheren Verleihung bzw. die Eintragung eines neuen Wappens durchgeführt hat.

Die Adresse

Im Unterschied zur Urkunde ist die Adresse ein feierliches Schriftstück ohne dokumentarisch-rechtlichen Wert, wenn auch viele Grundbestandteile übereinstimmen. Sie wird überall dann verwendet, wenn eine förmliche Beurkundung nicht notwendig erscheint. Anlaß kann ein Glückwunsch, Jubiläum, Gedenktag, eine Erinnerung oder Danksagung sein, wobei sich der in Briefform gehaltene Inhalt in seiner Länge nach der Bedeutung des Ereignisses richtet. In der Sprache soll sich der Ausdruck festlicher, miterlebender oder dankbarer Gefühle in persönlicher Form widerspiegeln.

Rechte Seite:
Ernst Schumacher: Ehrenmitgliedschaft (Verleihungsurkunde)

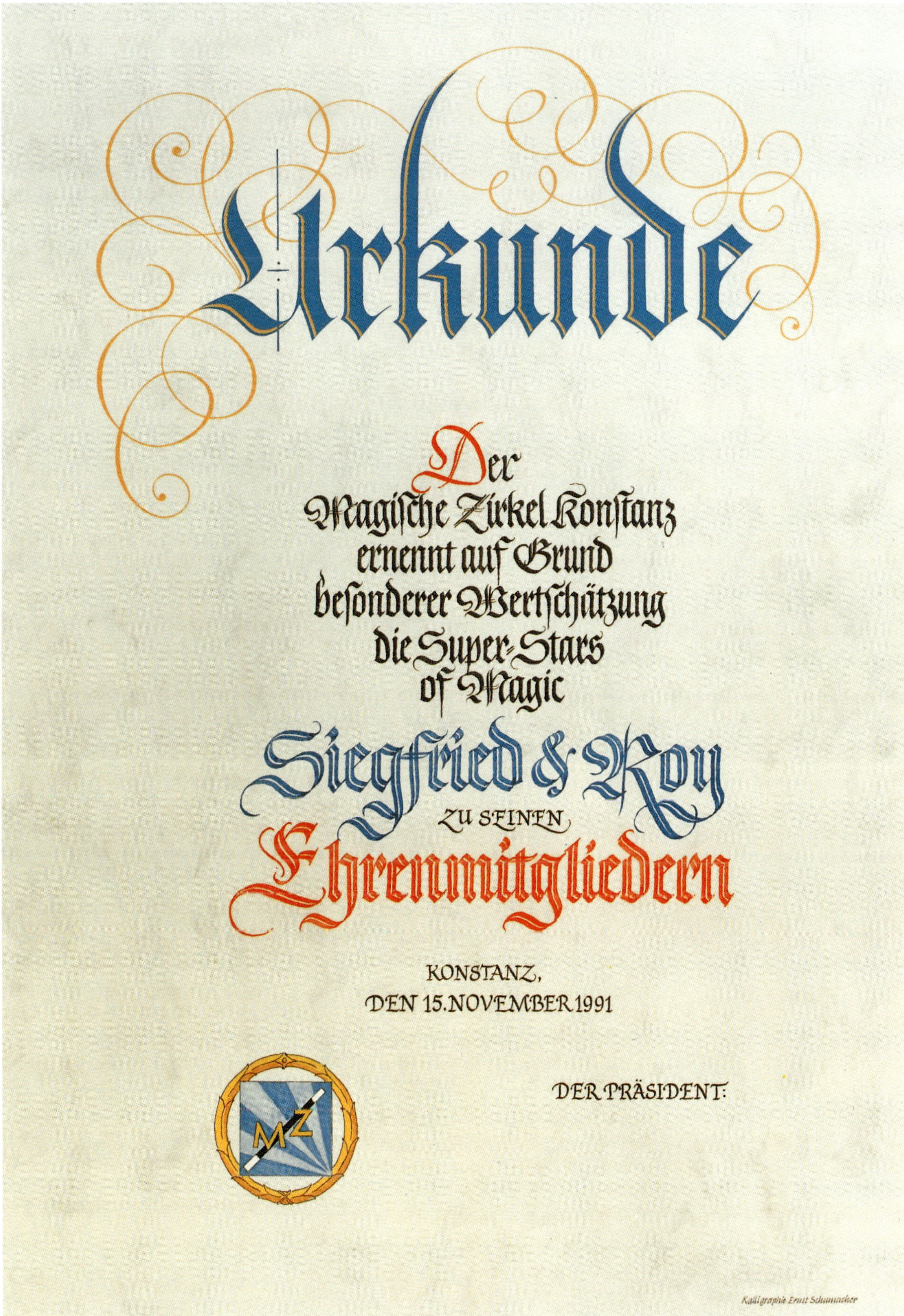
Urkunde

Der
Magische Zirkel Konstanz
ernennt auf Grund
besonderer Wertschätzung
die Super-Stars
of Magic

Siegfried & Roy
ZU SEINEN
Ehrenmitgliedern

KONSTANZ,
DEN 15. NOVEMBER 1991

DER PRÄSIDENT:

Kalligraphie Ernst Schumacher

Der Textaufbau

Wenn die Grundbestandteile *Aussteller, Empfänger, Hauptgegenstand, Zeit und Ort* festgelegt worden sind, kann man daran gehen, den verbindenden und erklärenden Text der Formel zu erstellen. Die Länge des Wortlautes soll dabei in einem vernünftigen Verhältnis zum Anlaß und zur geplanten Gesamtaufmachung stehen. Mit den folgenden Hinweisen können Sie *Ihre* Urkunde Schritt für Schritt nach Ihren eigenen Vorstellungen zusammenstellen.

Die Satzaussage (Das Prädikat)

Nicht mit jeder Urkunde muß etwas *verliehen* werden. Die deutsche Sprache bietet eine Fülle von Ausdrücken, derer Sie sich bedienen können: War der Empfänger nicht unmittelbar auf diesen Erwerb ausgerichtet, wird z. B. *gewidmet, zuerkannt, überreicht, gestiftet, ausgezeichnet, (Recht) erteilt, geehrt* oder *gewürdigt* aber auch *ernannt, berufen* und *gewählt*. Leistungsbeweise werden *erworben, erreicht, errungen* oder *erkämpft*, ein Rang wird *belegt* und ein Sieger *geht hervor*, Prüfungen mit Erfolg *bestanden* oder *abgelegt*. Man *vereinbart* und *schließt* Verträge, *übernimmt* Patenschaften und *verpflichtet* sich zur Erbringung von Leistungen.
Wünschen und *danken* sind auch bei der Adresse nicht die einzigen Ausdrucksmöglichkeiten. So kann man Wünsche *aussprechen* und *übermitteln*, seinen Dank *bekunden, entbieten* oder *abstatten*.

Die Begründung

Die Beschreibung des Grundes, der zur Ausstellung der Urkunde führte, wird bei kürzerem Text meistens in die Ausstellungsformel eingebunden. Dann beginnt man gern mit einem Startbegriff wie *für, mit, durch, aufgrund, aus Anlaß, in* oder *als Würdigung (Anerkennung)*.
Legen Sie jetzt den oder die Hauptgründe fest. Dabei kann es sich um *Verdienste*, eine *Tätigkeit, Leistung* oder *Zugehörigkeit* handeln. Vielfach wird noch eine nähere Beschreibung angebracht sein, z. B. Verdienste *als Obmann* oder *um die Förderung des Naturschutzes*. Auch wenn damit bereits das notwendige Mindestmaß an Text erfaßt ist, wird man einzelne Begriffe noch mit passenden Eigenschaftswörtern (Adjektiven) o. ä. ergänzen.

Beispiele:
In *besonderer* Würdigung seiner *außerordentlichen* Verdienste als *langjähriger* Vorsitzender.
Als *dankbare* Anerkennung für Ihren *selbstlosen* Einsatz *beim Wiederaufbau.*
Für seine *treue* Mitgliedschaft und *tatkräftige* Unterstützung.
Mit dem *hervorragenden* Ergebnis *von 967 Punkten.*
Zum Dank für seine *beispielhafte* Treue *zu unserer guten Sache.*

Man kann aber auch die Begründung von der eigentlichen Ausstellungsformel ganz oder teilweise trennen. Das wird besonders dann vorteilhaft sein, wenn der Text so umfangreich ausfällt, daß er in einem Satz nicht mehr eindeutig überschaubar wird. Diese Form ermöglicht auch eine freiere, mehr erzählende Beschreibung. Aus diesem Grund werden auch die vorher genannten Startwörter nicht bei jedem Satz nötig sein, sonst erfolgt der Aufbau jedoch sinngemäß. Umfaßt die Begründung mehrere Sätze, so sollte man den Empfänger im Verlauf dieser zumindest einmal mit dem vollen Namen anführen. Werden Urkunden als Vordrucke geplant, müssen die besitzanzeigenden Fürwörter (*seine* bzw. *ihre* Verdienste) entweder zum nachträglichen Einsetzen freigelassen oder überhaupt vermieden werden.

Seite 15:
Ernst Schumacher: Einbürgerung (Verleihungsurkunde)

Die Reihenfolge

Abgesehen von Ort, Datum sowie Unterschriften, die üblicherweise immer am Schluß folgen, kennt die Urkunde keine allgemeingültige Reihenfolge der Grundbestandteile und ermöglicht so eine weitestgehende Gestaltungsfreiheit. Mit welchem Element Sie beginnen oder wieweit Sie eine Trennung von Ausstellungsformel und Begründung vornehmen, bleibt letztlich Ihrem Stilempfinden überlassen. Bevor man allerdings den Wortlaut einer Urkunde endgültig festlegt, sollte man sich Gedanken machen, welche Elemente später hervorgehoben werden sollen. Das sind der Name des Empfängers, der Hauptgegenstand, die Bezeichnung des Schriftstücks und meist auch der Aussteller. Treten diese nämlich inhaltlich in unmittelbarer Folge auf, wird es für den Gestalter und Kalligraphen schwierig sein, zu einer optisch befriedigenden Lösung zu kommen. Es wird also oft notwendig sein, Textbestandteile umzustellen oder sich zu einer geänderten Formulierung durchzuringen.
Eine Fülle von Lösungsmöglichkeiten bieten die Mustertexte am Schluß dieses Kapitels.

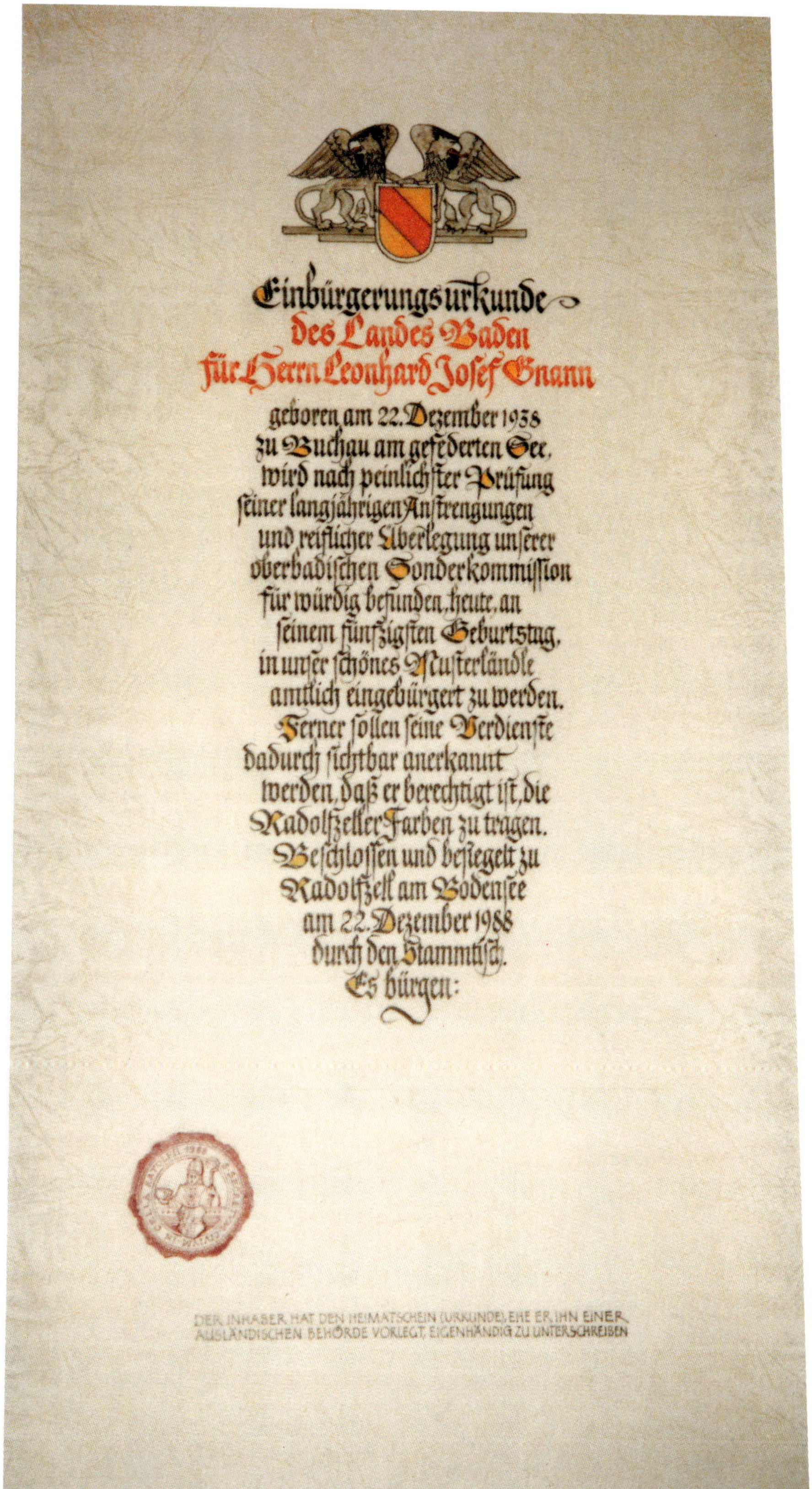
Einbürgerungsurkunde
des Landes Baden
für Herrn Leonhard Josef Gnann
geboren am 22. Dezember 1938
zu Buchau am gefederten See,
wird nach peinlichster Prüfung
seiner langjährigen Anstrengungen
und reiflicher Überlegung unserer
oberbadischen Sonderkommission
für würdig befunden, heute, an
seinem fünfzigsten Geburtstag,
in unser schönes Musterländle
amtlich eingebürgert zu werden.
Ferner sollen seine Verdienste
dadurch sichtbar anerkannt
werden, daß er berechtigt ist, die
Radolfzeller Farben zu tragen.
Beschlossen und besiegelt zu
Radolfzell am Bodensee
am 22. Dezember 1988
durch den Stammtisch.
Es bürgen:

DER INHABER HAT DEN HEIMATSCHEIN (URKUNDE), EHE ER IHN EINER AUSLÄNDISCHEN BEHÖRDE VORLEGT, EIGENHÄNDIG ZU UNTERSCHREIBEN

Zeichensetzung

Grundsätzlich sind die allgemein gültigen Zeichensetzungsregeln auch für Urkundentexte verbindlich. Zwischen und nach Hervorhebungen kann man aus gestalterischen Gründen dann auf Beistrich oder Punkt verzichten, wenn die Gliederung bzw. das Ende des Satzes auch durch die räumliche Anordnung allein klar ersichtlich wird. Beispiele dazu finden Sie bei den Mustertexten.

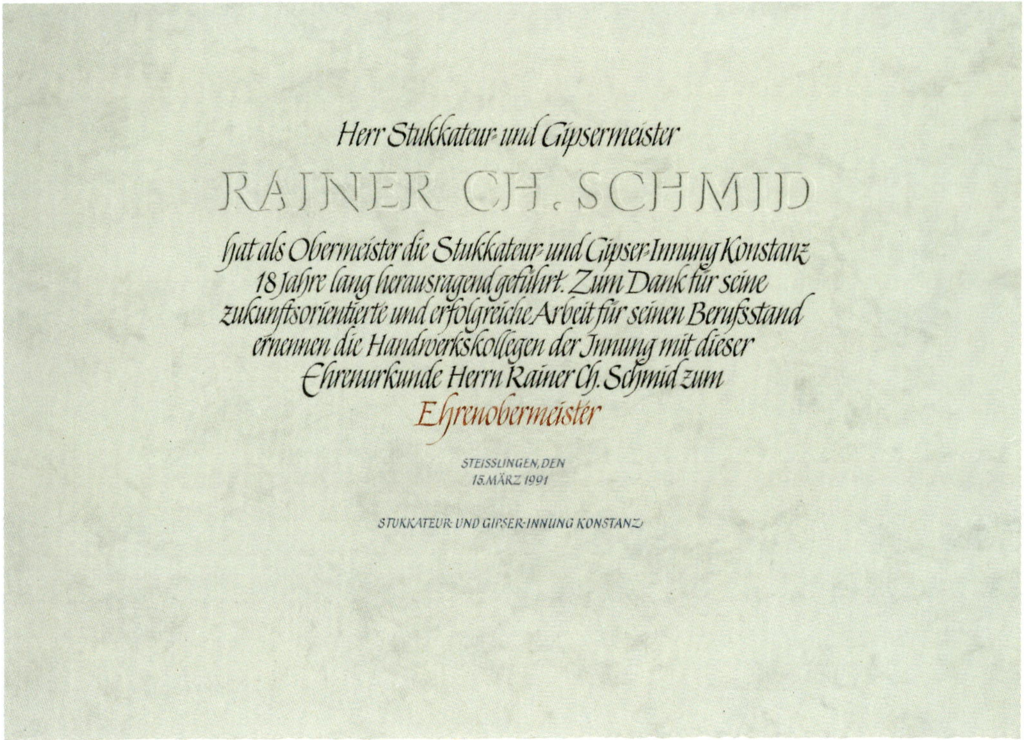

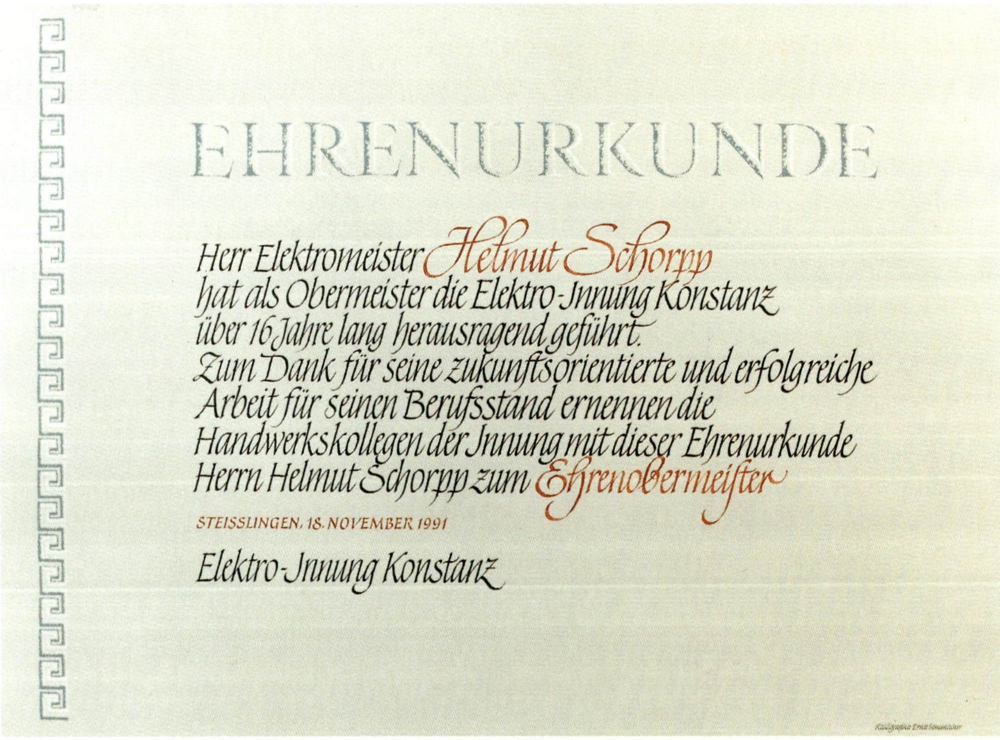

Ernst Schumacher:
Ernennungen

Seite 17:
Prof. Friedrich Neugebauer:

DIE KAMMER DER GEWERBLICHEN WIRTSCHAFT FÜR OBERÖSTERREICH

beurkundet hiermit, daß Herrn

JOHANN BAUMGARTER

Inh. d. Kleinmünchner Spinnereien

für die bei der

Gewerbe-Industrie-u. Handel-Schau Steyr 1951

gezeigten Leistungen die

GOLDENE AUSSTELLUNGSMEDAILLE

verliehen wurde.

Linz, am 9. September 1953

DIE KAMMER DER GEWERBLICHEN WIRTSCHAFT
FÜR OBERÖSTERREICH

DER PRÄSIDENT:

DER KAMMERAMTS-
DIREKTOR:

Stilistische Hinweise

Ebenso wie die Länge des Textes soll sich die Wahl der Sprache nach dem Anlaß der Urkunde richten. Mit einer klaren, anschaulichen Wortwahl ist man nie fehl am Platz. Eine festlich-gehobene Wirkung durch schwulstige Formulierungen, gekünstelt historisierende Wendungen oder unpassende, modische Fremdwörter erzwingen zu wollen ist peinlich und unnötig. Viel läßt sich mit einem gepflegten Gegenwartsdeutsch erreichen. Ausnahmefälle, in denen die Sprachgewohnheiten früherer Jahrhunderte nachempfunden werden können, sind beispielsweise Urkunden von Geselligkeitsvereinen oder alten Innungen (Gautschbriefe).
Die meisten Stilfehler lassen sich durch Beachtung der nachfolgenden Punkte vermeiden.

Wortwiederholungen

...ehrt sie für ihre Verdienste mit dieser Ehrenurkunde« – Gerade bei kürzeren Texten wirkt die Verwendung gleicher oder gleichklingender Wörter einfallslos. Die deutsche Sprache kennt eine Anzahl von sinnverwandten Ausdrücken, die man statt dessen einsetzen kann. So läßt sich ein als *Ehrenurkunde* betiteltes Schriftstück in der Formel als »*Auszeichnung*«, »*Anerkennung*« oder »*Würdigung*« bezeichnen und auch ein abwechslungsreicheres Zeitwort (Verb) finden. Sind Wiederholungen unvermeidbar, sollten sie räumlich so weit wie möglich getrennt werden.

Passende Ergänzungswörter

Eigenschaftswörter (Adjektive) und Umstandswörter (Adverbien) machen eine Aussage erst lebendig, müssen aber zum Wort und ins Sinngefüge passen. Eine *ausgezeichnete Würdigung* ist ebenso fehl am Platz wie die *schöne Leistung*, der *niedergelegte Grundstein*, die *vorzügliche Mitgliedschaft*, *einstimmige Erwägung* und andere Ungereimtheiten. Achten Sie in diesem Zusammenhang auch auf Ausdrucksverdoppelungen wie bei den bekannten Beispielen vom *runden Kreis* oder den *verstorbenen Toten*.

Zeitsprünge

Bleiben Sie bei einer Zeitform. Wenn man sich für die Gegenwart (das Präsens) entscheidet, wird Vergangenes in der zweiten Vergangenheit (dem Perfekt) beschrieben: *...verleiht das Ehrenbürgerrecht. Er hat sich um die Stadt verdient gemacht.* Sie können aber auch die erste Vergangenheit (das Präteritum) oder die zweite Vergangenheit (das Perfekt) wählen, dürfen die beiden aber nicht mischen. Vergangenes wird dann in der dritten Vergangenheit (dem Plusquamperfekt) erzählt: *...beschlossen die Partnerschaft* oder *haben die Partnerschaft beschlossen, nachdem schon vorher eine langjährige Freundschaft bestanden hatte.*

Keine Satzdrehung nach »und«

...hat die vorgeschriebenen Prüfungen mit Erfolg abgelegt, und wird er damit zum Ingenieur graduiert. – Nach *und* den Satzgegenstand (das Subjekt) hinter die Satzaussage (das Prädikat) zu stellen, ist verzopftes Kanzleideutsch. Besser heißt es: *...hat... mit Erfolg abgelegt und wird damit zum Ingenieur graduiert.* – Oder man trennt den Satz auf: *...hat... mit Erfolg abgelegt. Damit wird er zum Ingenieur graduiert.*

Klemmgebilde

In Würdigung seiner um die in jahrelanger Arbeit bei der Förderung des Nachwuchses in unserem Verein erworbenen Verdienste wird Herrn... – Solche Konstruktionen sind nicht nur schwer verständlich, sondern auch stilistisch verwerflich. In ein Satzgefüge (Hauptsatz – Nebensatz [Gliedsatz] – Hauptsatz) zerlegt, liest es sich ungleich gefälliger: *In Würdigung seiner Verdienste, die er sich in jahrelanger Arbeit bei der Förderung des Nachwuchses in unserem Verein erworben hat, wird Herrn...*

Bandwurmsätze

Es ist ein bei Urkunden weit verbreiteter Unfug, die gesamte Formel in einem Satz unterbringen zu wollen. Ähnlich wie bei den Klemmgebilden wird hier ein allzu sorgloses Hinzufügen von Nebensätzen (Gliedsätzen) und Grundformgruppen (Infinitivgruppen) schnell unübersichtlich. Unterteilen Sie daher *unendliche* Formulierungen besser in zwei oder mehrere überschaubare Sätze. Weiterführende Veröffentlichungen zum Thema Stilkunde auf Seite 80.

Seiten 20/21:
Ernst Schumacher:
Friedenspreis (Verleihungsurkunde)

Ernst Schumacher:
Gautschbrief (Gesellenbrief)

Prof. Walter Stähle:
(Partnerschaftsurkunde)

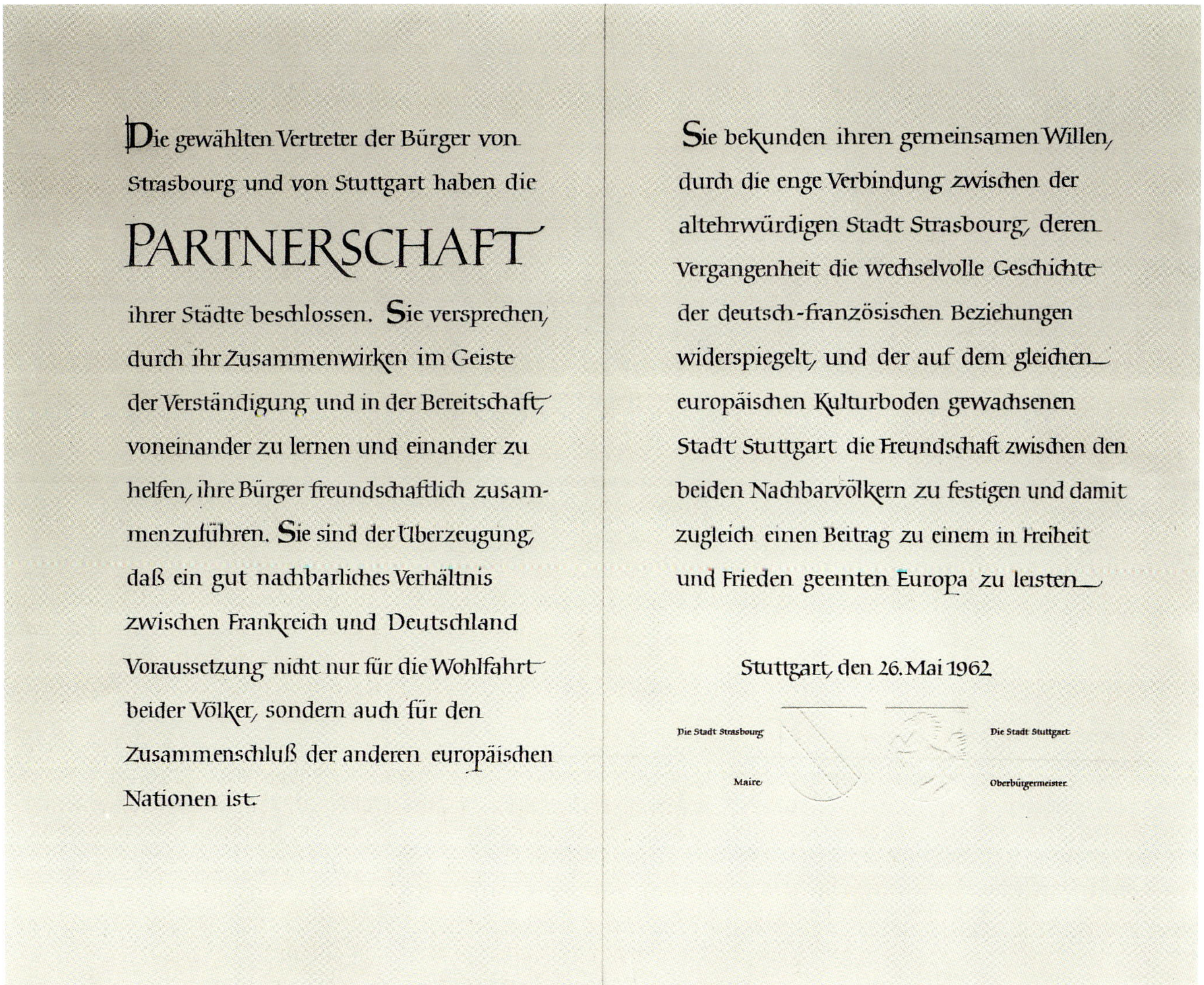
Die gewählten Vertreter der Bürger von Strasbourg und von Stuttgart haben die

PARTNERSCHAFT

ihrer Städte beschlossen. Sie versprechen, durch ihr Zusammenwirken im Geiste der Verständigung und in der Bereitschaft, voneinander zu lernen und einander zu helfen, ihre Bürger freundschaftlich zusammenzuführen. Sie sind der Überzeugung, daß ein gut nachbarliches Verhältnis zwischen Frankreich und Deutschland Voraussetzung nicht nur für die Wohlfahrt beider Völker, sondern auch für den Zusammenschluß der anderen europäischen Nationen ist.

Sie bekunden ihren gemeinsamen Willen, durch die enge Verbindung zwischen der altehrwürdigen Stadt Strasbourg, deren Vergangenheit die wechselvolle Geschichte der deutsch-französischen Beziehungen widerspiegelt, und der auf dem gleichen europäischen Kulturboden gewachsenen Stadt Stuttgart die Freundschaft zwischen den beiden Nachbarvölkern zu festigen und damit zugleich einen Beitrag zu einem in Freiheit und Frieden geeinten Europa zu leisten.

Stuttgart, den 26. Mai 1962

Die Stadt Strasbourg
Maire

Die Stadt Stuttgart
Oberbürgermeister

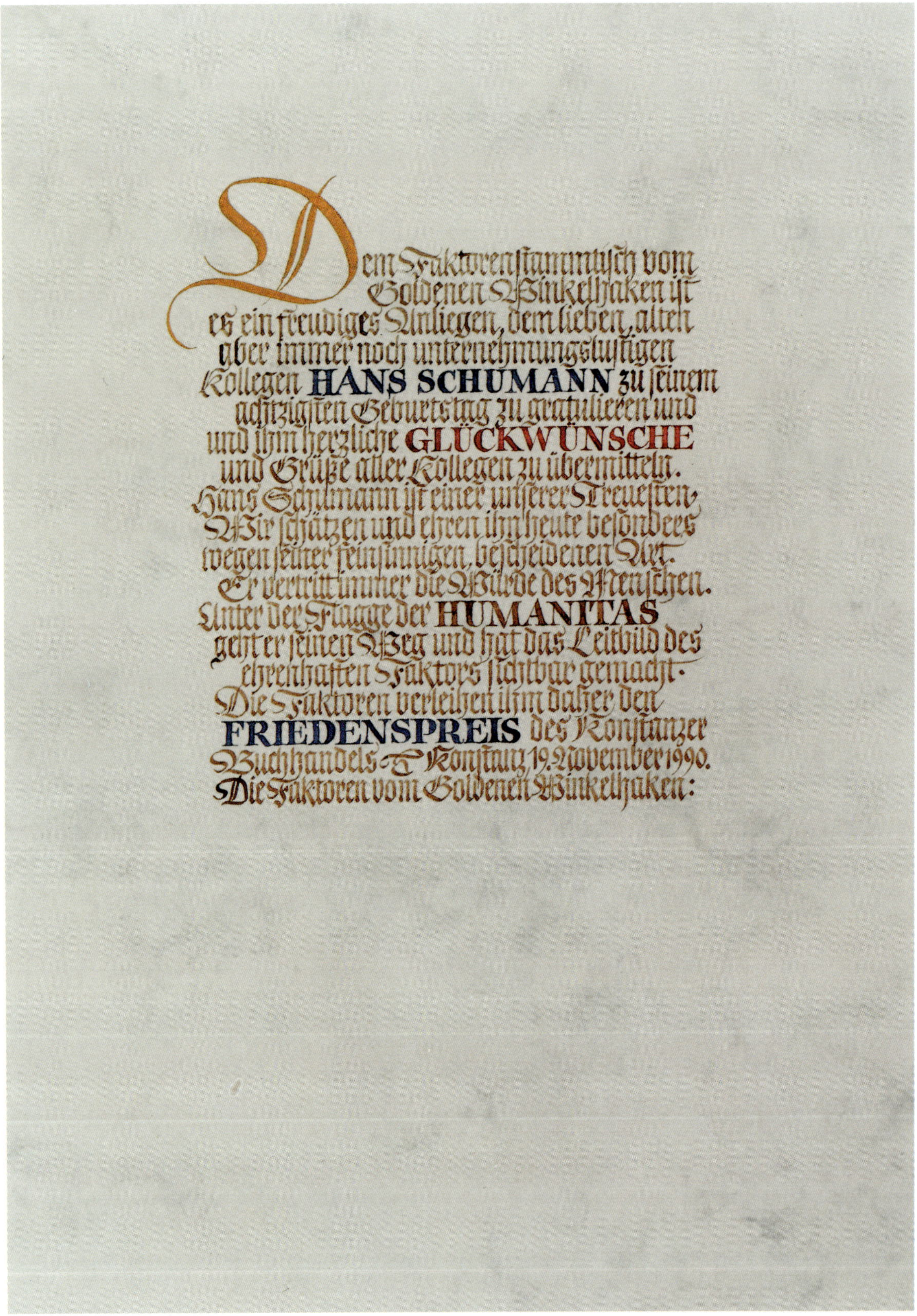
Dem Faktorenstammtisch vom
Goldenen Winkelhaken ist
es ein freudiges Anliegen, dem lieben, alten
aber immer noch unternehmungslustigen
Kollegen HANS SCHUMANN zu seinem
achtzigsten Geburtstag zu gratulieren und
und ihm herzliche GLÜCKWÜNSCHE
und Grüße aller Kollegen zu übermitteln.
Hans Schumann ist einer unserer Treuesten.
Wir schätzen und ehren ihn heute besonders
wegen seiner feinsinnigen, bescheidenen Art.
Er vertritt immer die Würde des Menschen.
Unter der Flagge der HUMANITAS
geht er seinen Weg und hat das Leitbild des
ehrenhaften Faktors sichtbar gemacht.
Die Faktoren verleihen ihm daher den
FRIEDENSPREIS des Konstanzer
Buchhandels – Konstanz, 19. November 1990.
Die Faktoren vom Goldenen Winkelhaken:

Gautschbrief

Wir Jünger Gutenbergs thun anmit in unserer Kunst – in teutsch und andern Landen – jedermänniglich kund und zu wissen, daß der Jünger der hochberühmten Buchdrukkerkunst

Johannes Bernstein

nach altem Brauch und Herkommen heut mit Zuziehung der ehrbaren Gesellen unserer Offi-cin sich losgesagt von all Hudelei und falschem Brauch und die Wassertauff ad posteriora erhalten hat und damit in sämtliche Rechte und Privilegien eingesetzt ist, wie sie uns weiland von Kaiser Friedrich dem Dritten verliehen worden. Kraft dessen gebieten wir allen unsern Kunstgenossen den benannten Jünger Gutenbergs als wahrhaften Schwarzkünstler wohl anzuerkennen und aufzunehmen. Gott grüß die Kunst!

Der Gautschmeister:

Der Schwammhalter:

Erster Pakker:

Zweiter Pakker:

Die Zeugen:

Herausgegeben von Schriftsetzermeister Ernst Schumacher, 776 Radolfzell, Schäferhalde 10

Mustertexte

Die folgenden Musterurkunden sind nach der in diesem Buch getroffenen Gattungseinteilung geordnet. Sie sind in erster Linie als gedankliche Hilfe und Anregung gedacht, können aber auch ganz oder in Teilen übernommen werden. Alle Beispiele sind nur als Textmanuskripte unter Berücksichtigung möglicher Hervorhebungen wiedergegeben. Für die Auswahl der Mustertexte war die in der Praxis für den privaten Texterfasser und Kalligraphen vorkommende Häufigkeit der Urkunden maßgebend. Anerkennungen, Ehrungen und Verleihungen sind deshalb zahlreicher vertreten als Meisterbriefe oder Städtepartnerschaften.

EHRENBRIEF

Der Tierschutzverein Neustadt
ehrt sein treues Mitglied,
Frau

IRMGARD SCHULTZ,
Bergheim,

für ihre langjährige Mitarbeit
und besonders ihren selbstlosen Einsatz
bei der Schaffung des neuen Tierheimes
und spricht ihr
mit dieser Anerkennung

HERZLICHEN DANK
aus.

Neustadt, am 16. Mai 1992

Schriftführer: Vorsitzer:

In Anerkennung
seiner Verdienste während seiner treuen,
mehr als zwanzigjährigen Tätigkeit
als Prokurist
wird Herrn

Bruno Kuchta

namens der Firma »Mobiles Wohnen«
Hatto Georg Scheer
diese

Ehrenurkunde

überreicht.

Linz, am 31. Dezember 1984

Die
Marianische Männer-Congregation (MMC)
»Mariä Verkündigung« Regensburg Zentral
(gegründet Anno Domini 1592)

spricht dem Sodalen, Herrn

Josef Poschenrieder,

ihren Dank und ihre Anerkennung aus für

64 Jahre Treue
zur Gottesmutter und ihrem Kinde.

Regensburg, am 6. Mai 1979

Der Marianische Rat:

Zentralpräses: Präfekt:

URKUNDE

Die Thyssen-Bandstahl-Berlin GmbH
dankt der

Kaltwalzwerk Brockhaus GmbH
Plettenberg

anläßlich des Bezuges der

10 000. Tonne Warmband

ab Berlin im Jahre 1985
mit der Überreichung dieser Urkunde.

Berlin, am 6. Dezember 1985

Für die Geschäftsführung:

IN WÜRDIGUNG

seiner Verdienste
um die Förderung der Jugend
im Sportclub Sandberge
wird Herrn

JÜRGEN WAGNER

auf einstimmigen Beschluß
des Vereinsvorstandes
diese

EHRENURKUNDE
überreicht.

Sandberge, am 22. November 1987

Jugendwart: Präsident:

Anläßlich seiner
25jährigen Betriebszugehörigkeit
überreichen die Geschäftsleitung und
die Belegschaft der Firma
MODEN BERG

Herrn

DETLEF RATHJEN, Neumünster

für seinen vorbildlichen Einsatz im
Kundendienst und seine Treue zum
Unternehmen als Zeichen der
dankbaren Anerkennung
diesen

EHRENBRIEF.

Kiel, am 4. April 1989

Geschäftsführer: Direktor:

Volksmusikgruppe
im Heimatverein »Baumweg« Lethe

URKUNDE

Seit dem Jahre 1984 ist

BERIT SAGER

Mitglied unserer Volksmusikgruppe.
Wir danken ihr für

7 Jahre
treue Zugehörigkeit.

Lethe, am 16. Dezember 1991

Schriftführer: Leiterin:

Der
Brieftaubenzuchtverein Eydtkuhnen
dankt seinem Mitglied, Herrn

ING. HOLGER STAACKMANN

für seine Treue
und überreicht ihm anläßlich seiner
fünfzehnjährigen Vereinszugehörigkeit
diese

EHRENURKUNDE

Eydtkuhnen, am 4. Juni 1932

Schriftführer: Vorsitzer:

URKUNDE

Die Volkstanzgruppe Niederwaldkirchen

beurkundet hiermit, daß
Fräulein

Ingrid Neulinger

am Anfänger-Lehrgang
erfolgreich teilgenommen hat und
die alpenländischen Grundtänze beherrscht.

Niederwaldkirchen, am 27. 11. 1982

Für die Gruppenleitung:

URKUNDE

Wir beurkunden hiermit, daß

Herr Christian Hager

am 17. August 1988

auf der Strecke der Lokalbahn
Vöcklamarkt – Attersee
den elektrischen Triebwagen
23.103
geführt hat.

Betriebsunternehmung Stern & Hafferl, Gmunden:	Lokalbahn Vöcklamarkt- Attersee:

URKUNDE

Am 11. Landeswettbewerb
»UNSER DORF SOLL SCHÖNER WERDEN«
haben sich in Westfalen-Lippe
641 Dörfer beteiligt.

Für vorbildliche Leistungen,
die von Bürgern und Verwaltung zur Sicherung
der Zukunft des ländlichen Raumes erbracht
wurden, sprechen wir dem Ortsteil

DIESTELBRUCH
der Stadt Detmold

Dank und Anerkennung aus.

Münster, im November 1981

Landwirtschaftskammer Westfalen-Lippe

Präsident:	Kammerdirektor:

URKUNDE

Herr

Anselm Eberer,
Neusath,

hat für die in der Gründung befindliche
Gemeinnützige Stiftung Deutsche Schrift
– Walter-Plata-Stiftung –
einen Betrag von

TAUSEND MARK

gespendet. Für diesen wichtigen Beitrag
zur Förderung der deutschen Schrift
dankt als Träger der Stiftung der
Bund für deutsche Schrift und Sprache

Ahlhorn/Oldb., am 5. Januar 1993

Geschäftsführer:	Vorsitzer:

EHRENURKUNDE

In dankbarer Anerkennung
seiner großen Verdienste um den Chor
und für seine über 50jährige Sängertätigkeit
wird Herr

FRANZ BRUDER

zum
EHRENMITGLIED
ernannt.

Chor Fidelia Obersasbach

Im November 1988

Vorstand: Chorleiter:

Die Sektion Wiener Lehrer
des Österreichischen Alpenvereins

verleiht dem
Vorsitzer der Sektion Lienz, Herrn

WALTER MAIR,

für die Hilfe nach dem Brand
der Hochschoberhütte 1983,
für die Betreuung der Wege in der Schobergruppe
und die Herausgabe
des A. V.-Führers »Schobergruppe«
die

EHRENMITGLIEDSCHAFT

Wien, im September 1991

1. Vorsitzer: Ehrenvorsitzer:

Hiermit ernennt die
Bundesgruppe der Donauschwäbischen Jugend
Herrn

Josef Volkmar Senz,
Straubing
(Heimatgemeinde: Apatin in der Batschka)

zu ihrem

Ehrenmitglied

Herr Senz hat sich als Förderer der
donauschwäbischen Kinder-, Jugend-
und Kulturarbeit besonders verdient gemacht.

Bundesgruppentag zu München,
den 29. Brachet (Juni) 1986

Bundesvorsitzer:

In anerkennender Würdigung
seiner Verdienste um unseren
Schützenverein
ernennen wir Herrn

Otto Jungermann

mit diese Urkunde zum

EHRENMITGLIED.

Otto Jungermann hat sich durch seine unermüdliche
Tätigkeit beim Bau unseres Schützenhauses,
der jahrelangen Führung der Kassengeschäfte,
seiner organisatorischen Arbeit bei der
Durchführung unseres 100-Jahr-Jubiläums
und seiner immerwährenden Einsatzbereitschaft
für alle Aufgaben um unseren Verein bleibende
Verdienste erworben.

Schützenverein Klafeld-Geisweid 1882 e. V.
Siegen, im März 1987

Vorsitzender:

EHRENURKUNDE

Der Graphische Bund Hamburg e.V. als Gemeinschaft der in ihm vereinigten Drucker, Schriftgießer, Verleger, Graphiker und anderer Berufe des graphischen Gewerbes blickt in Ehrfurcht und Dankbarkeit auf den Leiter der weit über Deutschlands Grenzen bekannten und geachteten Schriftgießerei Gebr. Klingspor in Offenbach a. M.

Herrn Dr. e. h. Karl Klingspor,

der mit zu den wenigen Männern gehört, die ihre Lebensaufgabe darin sehen, deutsche Druckerzeugnisse in der höchsten Vollendung zu gestalten. Durch sein Beispiel riß er in wenigen Jahren ein ganzes Gewerbe mit sich, unentwegt sich einsetzend für das Edle und Schöne, für Neuerungen und Fortschritte, jungen Kräften die Möglichkeit gebend, sich zu entfalten. Aus Anlaß seines achtzigsten Geburtstages ernennt der Graphische Bund Hamburg e. V. den Jubilar in Anerkennung seiner hohen Verdienste um deutsche Schrift- und Druckgestaltung zum

Ehrenmitglied.

Möge sein Vorbild und sein Rat noch recht lange in ungebrochener Kraft allen Angehörigen des graphischen Gewerbes weiterhin dienen.

Hamburg, den 25. Juni 1948

1. Vorsitzender: 1. Schriftführer:

Gesangverein Friedenwald

Auf einstimmigen Beschluß
der Hauptversammlung ernennen wir heute
Herrn

MARTIN HAUBERT

am Tage seiner
fünfundzwanzigjährigen Mitgliedschaft
zum
EHRENMITGLIED.

Der Jubliar hat sich
durch seine Tätigkeit als Chorleiter
große Verdienste um die Gesangspflege erworben.

Friedenwald, am 1. März 1958

Schriftwart: 1. Vorsteher:

In Würdigung

ihres jahrelangen und selbstlosen Einsatzes
für den Verein für Sprachpflege
ernennt dieser auf einstimmigen Beschluß
seines Vorstandes Frau

Ellen Heeger

zu seinem

Ehrenmitglied.

Frau Heeger hat, ohne selbst Mitglied des Vereins zu sein, seit 1965 den Versand des »Sprachpflegers« unentgeltlich und zur vollsten Zufriedenheit besorgt.

Erlangen, am 9. Nebelung (Nov.) 1985

Zweitvorsitzer: Erstvorsitzer:

EHREN-URKUNDE

Herr
Karl August Ludwig

ist im Jahre 1951 in dem damaligen Bund für deutsche Schrift eingetreten. Durch seine jahrzehntelange Mitgliedschaft hat er die Pflege und den Schutz der deutschen Schrift und Sprache wesentlich gefördert. Zum Dank für seine beispielhafte Treue wird ihm die

Goldene Ehrennadel
des Bundes für deutsche Schrift und Sprache verliehen.

Oldenburg, am 9. Mai 1992

Der Vorsitzer:

Bayrischer Waldverein
Hauptausschuß Zwiesel

Frau
Erna Günther
aus Bochum

hat vom 4. bis 11. Oktober 1969 auf dem südlichen Hauptwanderweg den Bayrischen Wald durchwandert und erhält dafür als Anerkennung die
Wandernadel
des Bayrischen Waldvereins.

Wir beglückwünschen Sie hierzu!

Zwiesel, am 12. 10. 1969

Für den Hauptausschuß Zwiesel:

Durch einstimmigen Beschluß der Mitgliederversammlung vom 16. Dezember 1976 wird
Herrn Malermeister

Arnold Lankermann

der Titel

EHRENOBERMEISTER

der Maler- und Lackierer-Innung Duisburg verliehen.

Diese Auszeichnung wird in Anerkennung seiner vielfältigen Verdienste als langjähriger Obermeister der Innung von 1959 bis 1976 zuerkannt.
In dieser Zeit hat er das Ansehen seines Berufsstandes durch sein untadeliges, vorbildliches Auftreten gemehrt.

Duisburg, den 16. Dezember 1976

Geschäftsführer: Obermeister:

Der Weltbund
der Österreicher im Ausland

hat durch seinen Vorstand einstimmig beschlossen,
Herrn

Karl Skala,
Wartberg im Mürztal,

für seine besonderen Verdienste um das Auslandsösterreichertum die

SILBERNE EHRENNADEL
des Weltbundes der Österreicher im Ausland zu verleihen.

Wien, am 4. September 1992

Präsident: Generalsekretär:

Die Technische Hochschule Hannover

unter dem Rektorate des ordentlichen Professors Dr.-Ing. Otto Blum verleiht durch diese Urkunde auf einstimmigen Antrag der Fakultät für Maschinenwesen unter dem Dekanat des ordentlichen Professors Geheimen Regierungrates Ludwig Klein dem Eisenbahndirektor

Friedrich Fuchs in Berlin-Zehlendorf

in Anerkennung seiner hervorragenden Verdienste um die Förderung der wissenschaftlichen Erforschung und Weiterentwicklung der Lokomotiven und Triebwagen die akademische Würde

»DOKTOR-INGENIEUR EHRENHALBER«.

Hannover, den 4. März 1930

Rektor und Senat der Technischen Hochschule

Technische Hochschule Darmstadt

Unter dem Rektorate ihres ordentlichen Professors Dr.-Ing. Hornecker verleiht die Technische Hochschule auf einstimmigen Antrag der Abteilung für Maschinenbau durch Beschluß von Rektor und Senat

Herrn Kommerzienrat
RUDOLF BORNHOLM
in Frankfurt am Main

in Anerkennung seiner hervorragenden Verdienste um die Förderung des Flugwesens – insbesonders des Rhön-Segelfluges – die Würde eines

DOKTOR INGENIEURS EHRENHALBER

Darmstadt, den 25. Mai 1927

Für den Senat: Rektor:

Deutsch-Chilenischer Turn- und Sportverband

Für beispielhaften Einsatz
zur Verwirklichung der Aufgaben der
deutschen Turn- und Sportbewegung in Chile
und die langjährige treue Zusammenarbeit
mit deren Vereinen ist Herrn

Wieland Wolfsgruber

als besondere Anerkennung die vom
Deutsch-Chilenischen Turn- und Sportverband
gestiftete

Carl-Röschmann-Plakette

in Dankbarkeit verliehen worden.

Santiago, im August 1991

Der Präsident:

URKUNDE

Das Bezirks-Feuerwehrkommando Schärding

verleiht
Herrn Brandinspektor

Günther Ortner

in Würdigung seiner Verdienste um das
Feuerwehrwesen im Bezirk Schärding
die

Feuerwehr-Verdienstmedaille
Stufe 3

Schärding, am 28. März 1992

Abschnittskommandant: Bezirkskommandant:

DER GUTENBERG-PREIS

der Landeshauptstadt Mainz
und der Gutenberg-Gesellschaft
wird im Jahre der 500. Wiederkehr
des Todestages von Johannes Gutenberg
zum ersten Male an Herrn

Dr. Giovanni Mardersteig

in Anerkennung seiner hohen Verdienste
um die Kunst Gutenbergs verliehen.

Vizepräsident der Gutenberg-Gesellschaft — Oberbürgermeister der Stadt Mainz

Mainz, am 25. Juni 1968

Ernennungsurkunde

Der Aufsichtsrat
der Spar- und Kreditbank Bodman eG
ernennt den Vorstandsvorsitzenden

Herrn Klaus Burghart

in Anerkennung und Würdigung seiner
besonderen Verdienste um unsere Bank
mit Wirkung vom 1. November 1991
zum

Bankdirektor.

Bodman, im Oktober 1991

Für den Vorstand:

Die Marktgemeinde Ascholding
verleiht auf einmütigen Beschluß
ihres Gemeinderates
Herrn Bürgermeister

Dipl.-Ing. Arthur Wohe,

der während seiner Tätigkeit als Bürgermeister
mehr als zwanzig Jahre lang die Geschicke
der Marktgemeinde mit sicherer Hand
und beispielhaftem Verantwortungsbewußtsein
gelenkt hat, anläßlich seiner Versetzung
in den wohlverdienten Ruhestand das

EHRENBÜRGERRECHT.

Die Marktgemeinde Ascholding
ehrt in Bürgermeister Dipl.-Ing. Wohe
einen Mann, der sich in außergewöhnlichem Maße
um das Wohl der Gemeinde verdient gemacht hat.

Ascholding, am 8. August 1990

Bürgermeister:

Die nachfolgenden Städte
Cleve, Coblenz, Halberstadt, Hameln,
Hamm, Mannheim, Metz, Münster,
Paderborn und Straßburg
ernennen Herrn

Droschkenkutscher
GUSTAV HARTMANN,
Berlin,

den allbekannten »Eisernen Gustav«,
nach Rückkehr von seiner Fahrt Berlin – Paris,
die er mit seinem getreuen Gaul machte,
in Anerkennung seines hervorragend
durchgeführten Plans hiermit zum

EHRENBÜRGER

und widmen ihm diese Urkunde mit den Wappen
aller Städte.

Im September 1928.

Die Stadt Greifswald

verleiht
der Firma **Johannes Bach K.G.,**
Buchdruckerei und graphische Fachbetriebe
in Greifswald
anläßlich ihres 50jährigen Bestehens die

Plakette in Silber.

Sie würdigt damit die besondere Bedeutung des Unternehmens für die Stadt und ehrt ihre hervorragenden Verdienste auf wirtschaftlichem und künstlerischem Gebiet.

Greifswald, den 18. Januar 1932

Oberbürgermeister:

Stadtsekretär:

Die Ratsherren der Narrenzunft
der Stadt unter der Burg zu Husen im Kinzingertal
bekennen öffentlich und tun kund,
daß sich unser

Helmut Leib,
Narrenarzt und Sekretarius der Zunft,

bei der Neubelebung und Gestaltung
der alten Husacher Fasent
die höchsten Verdienste erworben hat.
Gemäß solcher Ursach und aus Dankbarkeit
haben wir uns entschlossen, Dich nach
40 Jahren
des Dienstes im Zeichen der Narretei
und des Brauchtums zum Wohle und zur Freude
der Bürger unserer Narrenstadt Hausach
zum

EHRENNARRENRAT
der freien Narrenzunft Hausach

zu ernennen und mit der höchsten Ehre
unserer Zunft auszuzeichnen.
Zur wahren Urkund für Dich und Deine Erben
haben wir gerne diesen Brief mit unserem Insigel
und jeder mit Zeichen gegeben.

Uff Martini Anno Domini 1988

Narrenvater: Narrenrat:

URKUNDE

Der Hohe Rat
der ehrsamen Schoofwäscherzunft
tut jedermänniglich seine gründliche Ratschlagung
und den Beschluß kund zu wissen,
daß der närrische und alefänzige
Zunftmeister

Heinz Veser

große Verdienste hat um den heimischen
Fasnachtsbrauch. Kraft dessen und in Betrachtung
der schweren sieben- und zwanzigjährigen Last
des Zunftmeisters, die er so lange treulich getragen
hat, wird ihm zur Bezeugung von Ehrerbietung,
Dankbarkeit und Respekt für seine rühmlichen
Taten die höhere Würde des

EHREN-ZUNFTMEISTERS

verliehen.

Gegeben zu Stahringen, am ein und zwanzigsten
Tag
des Februar als man von Christi Geburt zählt
tausend neun hundert zwei und neunzig Jahr.

1. Zunftmeister: 2. Zunftmeister:

O. Ö. Landes-Feuerwehrverband

URKUNDE

Die Leistungsbewerbsgruppe
der Freiwilligen Feuerwehr

Riedau

hat am 23. oberösterreichischen Landes-
Feuerwehrleistungsbewerb
1985 in Wels
um das Jugend-Feuerwehrleistungsabzeichen
in Bronze mit Erfolg teilgenommen

und **990 Punkte** erreicht.

Wels, am 15. August 1985

Bewerbsleiter: Landes-Feuerwehrkommandant:

Handwerkskammer Saarbrücken
Jugend-Leistungswettbewerb 1965

Der Lehrling

Emil Mehl

ist aus dem praktischen Leistungswettbewerb
der Handwerksjugend im Bezirk der
Handwerkskammer Saarbrücken als

KAMMERSIEGER

der **Optiker- und Brillenmacher** hervorgegangen
und erhält für seine ausgezeichnete Leistung
diese Urkunde.

Saarbrücken, am 12. November 1965

Für die Handwerkskammer:

Geschäftsführer: Präsident:

DIE SCHÖNSTEN BÜCHER DES JAHRES,
BEWERTET NACH SATZ, DRUCK, BILD UND
EINBAND

Die vom Börsenverein des deutschen Buchhandels
beauftragten Preisrichter haben das Buch

. . . .

. . . .

als eines der schönsten Bücher des Jahres 1977
ausgezeichnet. Als Anerkennung wurde diese
Urkunde den an der Herstellung des Buches
Beteiligten übersandt.

Börsenverein des Deutschen Buchhandels,
Kommission zur Förderung der Sammlung Buchkunst und
des Wettbewerbs
»Die schönsten deutschen Bücher«

Frankfurt am Main, 8. April 1964

URKUNDE

Bei dem für die Gymnasien Thüringens
ausgeschriebenen Schülerwettbewerb zum Thema
»Umweltschutz geht alle an« wurde der

Klasse 5 C des
Martin-Luther-Gymnasiums Eisenach

für ihre beachtenswerte und vorbildlich
ausgearbeitete Studie
»Vorschläge zur Eigeninitiative bei der
Mülltrennung im Haushalt«
der
ERSTE PREIS
zuerkannt.

Für das Kuratorium »Umweltschutz«:

Erfurt, am 28. Oktober 1991

DEUTSCHER AERO CLUB E.V.
MODELLFLUGKOMMISSION

Beim Wettbewerb
für Elektro-Motor-Flugmodelle
um den Fred-Militky-Pokal
vom 22. bis 24. Juni 1988 in Aßlar
belegte Herr

Konrad Neu

mit einer Flugleistung von 1921 Punkten
in der Klasse F3 EE den

5. Platz,

was hiermit beurkundet wird.

Wettbewerbsleiter: Preisrichter:

Stadtgemeinde Gmunden
Gmundner Schwimmclub 1920

URKUNDE

Stadtmeisterschaft im Schwimmen
am 15. August 1991 im Strandbad Gmunden

Stefan Moder,
Linz

Brustschwimmen
Gästeklasse Kinder I/männlich
Zeit 0:44,5 min

1. Platz.

Für den Sportausschuß: Für das Kampfgericht:

ASKÖ Linz

URKUNDE

Jugendmeisterschaft 1972
in Linz

Alexandra Staudinger

Bewerb: Weitsprung
Klasse: weibliche Jugend B
Weite **4,62 m**

1. Platz

Linz, am 24. Juni 1972

Für das Kampfgericht:

Oberösterreichischer
Landesschützenverband

URKUNDE

Bei der
Bezirksmeisterschaft
des Schützenbezirkes Traunviertel
erreichte Herr

Leopold Feichtinger,
Pettenbach,

in der Klasse Senioren III
mit 278 Ringen
den
1. Platz.

Laakirchen, im März 1992

Bezirksschützenmeister:

Österreichischer Turnerbund

Sieger-Urkunde

Beim . . . .

am . . . . in . . . .

erreichte . . . .

im . . . .

mit . . . .

den . . . . Rang.

Für das
Kampfgericht:

Skiklub Wildensee

Beim Martin-Pflindsberg-
Gedächtnislauf 1993
auf der Bräuningalm
belegte
Herr

Georg Mihli

mit einer Zeit von
2:48,7 min
in der Altersgruppe IV

den 2. Platz

Wildensee, am 6. Jänner 1993

Sportwart: Obmann:

SIEGER-URKUNDE

Heidlinde Carsten
TSV Naumburg

erreichte bei den Landesmeisterschaften
in Rhythmischer Sportgymnastik
am 16. Mai 1974 in Nordfeld
den

3. Rang

mit einer Gesamtwertung von 457 Punkten.

SC Nordfeld

Wettkampfleitung: Schiedsgericht:

URKUNDE

Bei den
Vereinsmeisterschaften 1980
des ESV Krainburg wurde

Anton Klawuschnigg

im 800 m-Lauf der Jugend
mit 3:01,4 min

1. Sieger.

Krainburg, am 22. August 1980

Sportwart: Präsident:

Hauptausschuß Hamburg für Landwirtschaft
und Gartenbau

ZEUGNIS
über die
Gärtnergehilfenprüfung

Der Gärtnerlehrling **Jan Wulf Christian KRÖGER,** geboren am 13. 6. 1948 in Hamburg-Blankenese, bestand nach den Bestimmungen für die praktische Ausbildung zum Gärtner am 25. 9. 1968 vor der Prüfungskommission des Hauptausschusses die Gärtnergehilfenprüfung im Berufszweig Garten- und Landschaftsbau mit dem Gesamtergebnis:
»befriedigend«

Ausbildung und Prüfung erfolgten nach den Bestimmungen für die praktische Ausbildung zum Gärtner im Gebiet der Freien und Hansestadt Hamburg vom 1. Juli 1962. Auf Grund dieser Prüfung ist er berechtigt, die Berufsbezeichnung
Gärtnergehilfe
zu führen.

Hamburg, den 27. September 1968

Die Prüfungskommission:

Johann Wolfgang Goethe Universität
Frankfurt am Main

ZEUGNIS

Thage Petersson, Växjö (Schweden) hat an den planmäßig vorgeschriebenen Unterrichtsstunden, Vorlesungen und Übungen der Ferienkurse für Ausländer über deutsche Sprache und Kultur an der Goethe-Universität Frankfurt am Main vom 12. Juli bis 5. August 1932 teilgenommen und die am Ende des Kurses abgelegte Prüfung mit **gutem Erfolg** bestanden.

Frankfurt am Main, den 11. August 1932

Prüfungsausschuß: Rektor:

**Packt an! Laßt seinen Corpus posteriorum
fallen auf diesen nassen Schwamm, bis triefen
beide Ballen; der durstgen Seele gebt ein
Sturzbad obendrauf: Das ist dem Jünger Gutenbergs
die allerbeste Tauf!**

GAUTSCHBRIEF

Von Johannes Gutenbergs Gnaden verkünden wir, seine Jünger zu Frankfurt am Main, jedem unserer Kunstgenossen in deutschen Landen und wo auch immer deutsch geredet wird, daß der Beflissene der wohledlen Buchdruckerkunst

MICHAEL KURT SCHULZ

nach altem Brauch und Herkommen unter Zuziehung der Gesellen von der Stadt Frankfurt am Main die ordentliche Wassertaufe empfangen hat. Er wurde dadurch in alle uns verliehenen Rechte und Pflichten eingesetzt.
Kraft dieses Briefes gebieten wir allen Zunftgenossen, obengenannten Jünger Gutenbergs als ehrbaren Schwarzkünstler und rechtmäßigen Gesellen anzuerkennen.

Gegeben zu Frankfurt am Main,
am 24. April 1951

Gautschmeister: Schwammhalter:

1. Packer: 2. Packer:

1. Zeuge: 2. Zeuge:

Universität Salzburg

Der Rektor der Paris-Lodron-Universität Salzburg
und der Dekan der rechtswissenschaftlichen
Fakultät bestätigen hiemit, daß
Frau

Ursula Peyrer-Heimstätt,

geboren am 13. April 1958 in Steyr, O. Ö.,

nach Ablegung des
judiziellen, staatswissenschaftlichen und
des rechtshistorischen Rigorosums
am 17. Juni 1982
zum

Doktor der Rechte

promoviert worden ist.
Salzburg, am 17. Juni 1982

Dekan: Rektor:

Universität Hamburg

Der Fachbereich
Sprachwissenschaften
der Universität Hamburg verleiht
Herrn
Hartwig Wilde,
geboren am 22. Juni 1941 in Jarotschin bei Posen,
auf Grund einer »sehr guten« Abhandlung
»Interjektionen als stilsprachliche Kriterien.
Beobachtungen an ausgewählten Texten der
russischen Literatur« und des »guten« Ergebnisses
der wissenschaftlichen Gesamtprüfung
Titel und Würde eines
Doktors der Philosophie.
Zum Zeugnis dessen wird diese mit dem Siegel des
Fachbereichs versehene und vom Sprecher des
Fachbereichs unterzeichnete Urkunde ausgestellt.

Hamburg, den 16. Februar 1978

Sprecher des Fachbereichs:

Landesgewerbeamt Dresden

MEISTERBRIEF

Vor dem Prüfungsausschuß für den
Bezirk der Industrie- und Handelskammer
beim Landesgewerbeamt Dresden
hat Herr

. . . .

geboren am . . . . in . . . .
gemäß den Prüfungsbestimmungen
die Meisterprüfung als

. . . .

bestanden und erhält auf Grund des
Prüfungszeugnisses diesen Meisterbrief.

Dresden, am . . . .

Für das Landesgewerbeamt:

**Kammer der gewerblichen Wirtschaft
für Oberösterreich (Handelskammer)**

Meisterprüfungszeugnis

Herr
Othmar Süß
geboren am 26. März 1921 in Linz/D.,
Land Oberösterreich,
hat am heutigen Tage vor dem bestellten
Meisterprüfungs-Ausschuß die Meisterprüfung
für das

Tischlergewerbe

abgelegt und die Prüfung mit Erfolg bestanden.

Linz/D., am 26. März 1948

Für den Meisterprüfungs-Ausschuß:

Vorsitzender: Beisitzer:

URKUNDE

Der Rat der Stadt Sourdeval
(Normandie, Republik Frankreich)
und
der Rat des Fleckens Uchte
(Niedersachsen, Bundesrepublik Deutschland)
haben beschlossen, eine

STÄDTEPARTNERSCHAFT

zu begründen.

Die Partnerschaft soll dazu dienen, dauerhafte Beziehungen zwischen den Bürgern, Vereinen und Institutionen unserer Städte zu unterhalten, den Austausch insbesondere der Schüler und Jugendlichen beider Städte nach Kräften zu fördern, die schon seit Jahren bestehende Freundschaft zwischen der Normandie und Niedersachsen weiterzuführen und durch ein besseres gegenseitiges Verständnis an der Errichtung eines geeinten Europas in Frieden und Freiheit mitzuarbeiten.

Möge der freundschaftlichen Verbindung der **Stadt Sourdeval** und des **Fleckens Uchte** ein dauerhaftes, glückliches Gedeihen beschieden sein.

Beurkundet zu Uchte,
den 6. September 1992

Bürgermeister und Präsident des Partnerschaftskomitees:

Gemeindedirektor:

URKUNDE

Am Upstalsboom,
der alten friesischen Versammlungsstätte
unserer gemeinsamen Vorfahren,
erklären die niederländische Stadt Appingedam
und die Stadt Aurich (Ostfriesland)
gemäß einstimmigem Beschluß ihrer Räte, eine

Partnerschaft

miteinander eingehen zu wollen. Durch die Unterzeichnung dieser Urkunde wird dieses feierlich vollzogen.

Appingedam und Aurich haben eine gemeinsame Vergangenheit als friesische Landgemeinden. Appingedam erhielt im Jahre 1327 am Upstalsboom, jenem Ort, an dem wir uns heute versammelt haben, seine Stadtrechte verliehen. Heute sind Appingedam und Aurich Mitglieder der »Ems-Dollart-Region«.
Auf der Grundlage dieser Gemeinsamkeiten wollen wir künftig die Beziehungen auf kulturellem, wirtschaftlichem, gesellschaftlichem und sportlichem Gebiet fördern und damit unseren Willen für ein vereintes Europa bekunden.

Upstalsboom,
am 13. September 1989

Stadt Appingedam	Stadt Aurich
Burgemeester:	Bürgermeister:
Gemeentesecretaris:	Stadtdirektor:

PATENSCHAFTSURKUNDE

Anläßlich des zehnjährigen Bestehens des Wildparks Lerchries und zur weiteren Vertiefung der guten nachbarschaftlichen Beziehungen haben Firmenleitung und Belegschaft der Holzwerke Karl Wegner K. G. beschlossen, die Patenschaft für den ersten in der Lerchries geborenen Jungelch zu übernehmen.

Das Elchkalb **ELISABETH** kam am 4. Juni 1990 zur Welt und trägt seinen Namen nach der Gattin des Firmeninhabers Wegner.

Die Firma Holzwerke Wegner K. G. verpflichtet sich mit dieser Urkunde, sämtliche aus Fütterung und Gesunderhaltung erwachsende Kosten auf Lebenszeit des Tieres zu übernehmen.

Der Elch als »König der Wälder« war in früheren Zeiten auch in unseren Breiten heimisch. Mit der Übernahme dieser Patenschaft sollen die Ziele des Wildparks Lerchries unterstützt werden, gefährdete und in unseren Breiten in freier Wildbahn nicht mehr vorkommende Arten der Nachwelt zu erhalten.

Gegeben zu Lerchries, am Tag der Namensgebungsfeier,
dem 1. Juli 1990

Holzwerke Karl Wegner K. G.

Urkund dieses Wappenbriefes

führen und gebrauchen alle ehelichen Leibeserben und Nachkommen beiderlei Geschlechts in gerader Linie absteigenden Stammes, deren väterliche Stammesreihe auf den im Jahre 1624 in Merseburg geborenen Schreinermeister Jacob Morgenstern zurückgeht, das von den Brüdern Heinrich und Hans-Ulrich Morgenstern entworfene und am 20. Wonnemonat (Mai) 1992 angenommene, nachstehend beschriebene Familienwappen:

In Blau ein goldener, aufrechter Morgenstern. Auf dem Stechhelm mit blaugoldener Decke ein wachsender, goldbewehrter und goldbezungter blauer Greif.

Ahnenreihe der Sippe Morgenstern:

Jacob	Merseburg	1624	Schreiner
Carl Jacob	Eisleben	1651	Schreiner
Heinrich	Altenburg	1676	Händler
Carl	Gotha	1728	Kaufmann
Heinrich	Braunschweig	1760	Offizier
August	Stettin	1793	Verwalter
Ernst August	Stettin	1829	Lehrer
Johann	Anklam	1868	Amtmann
Hermann	Greifswald	1896	Ingenieur
dessen Sohn:			
Otto	Danzig	1934	Beamter
Söhne von Otto:			
Heinrich	Leipzig	1953	Graphiker
Hans Ulrich	Kassel	1965	Lehrer
Holger	Kassel	1969	Biologe

Beurkundet und eingetragen am 29. Brachmonat (Juni) 1992 unter der lfd. Nr. . . . . im Wappenarchiv . . . .

GRÜNDUNGSURKUNDE

Nach vielfacher Anregung in- und ausländischer Eisenbahnfreunde zur Schaffung einer Arbeitsgemeinschaft für die Erhaltung der Mühltalbahn wurde heute die Gründungsversammlung des

Vereins
Arbeitsgemeinschaft Mühltalbahn e. V.

abgehalten und die amtliche Anmeldung des Vereins durchgeführt.

Der Verein ARGE Mühltalbahn hat es sich zur Aufgabe gesetzt, die 1963 eingestellte 750 mm Schmalspurstrecke Obermühl–Neufeld im noch nicht abgetragenen Teilstück Obermühl–Aich als Museumsbahn zu erhalten. Neben der Aufarbeitung und Rückführung von ehemaligem Dampflokomotiven und Fahrzeugen dieser Bahn sollen auch die noch verbliebenen Baulichkeiten wieder in ihren ursprünglichen Zustand versetzt werden. Damit soll auch kommenden Generationen die Möglichkeit geboten werden, im Rahmen eines Museumsbetriebes eine dampfbetriebene Schmalspurbahn erleben zu können, wie sie in Deutschland noch bis in die Mitte dieses Jahrhunderts alltäglich war.

Als Gründungsmitglieder zeichnen:

....

Erster Präsident des Vereins ist Dr. Rolf Meyer.

Obermühl, am 16. Juni 1971

Stiftungsurkunde

Anläßlich seines 75jährigen Bestehens hat der Bund für deutsche Schrift und Sprache auf Vorschlag seines Mitgliedes, des bekannten Typographen Walter Plata, Hildesheim, bei seiner Vorstandssitzung in Oldenburg am 9. Wonnemonat (Mai) 1992 einstimmig den Beschluß zur Gründung der gemeinnützigen Stiftung

Deutsche Schrift –
Walter-Plata-Stiftung zur
Förderung deutscher Typographie
gefaßt.

Träger der Stiftung ist der Bund für deutsche Schrift und Sprache, Hannover. Den Grundstock legte Walter Plata durch eine großzügige Zuwendung und nach einem Aufruf an die Mitglieder des Bundes wird die Stiftung durch weitere Spenden im Frühjahr 1993 mit einem Stiftungskapital von 100 000 Mark angemeldet werden.

Ziel der Stiftung ist es, jährlich einen Wettbewerb für gestalterische Aufgaben mit gebrochenen Schriften auszuschreiben und Geldpreise an die Graphiker zu vergeben, die besonders gelungene Arbeiten mit Gotisch, Schwabacher und Fraktur vorlegen. Dadurch sollen vor allem junge Graphiker und Künstler angeregt werden, auch wieder gebrochene Schriften praktisch und vermehrt anzuwenden.

Aufgrund der Urheberschaft sowie der besonderen fachlichen Voraussetzungen und Verbindungen Walter Platas zur Fachwelt trägt die Stiftung den Doppelnamen **Deutsche Schrift – Walter-Plata-Stiftung zur Förderung deutscher Typographie** und wird auch unter dieser Bezeichnung öffentlich auftreten.

Alle am Zustandekommen Beteiligten haben den Wunsch, daß Gotisch, Schwabacher und Fraktur durch das Wirken der Stiftung wieder aus ihrem seit 1941 zwangsverfügten Schattendasein hervortreten und die Schriftkultur Deutschlands bereichern mögen.

Für den Bund für deutsche Schrift und Sprache:

URKUNDE ZUR GRUNDSTEINLEGUNG

für den Bau der neuen Therme und Umbau des Augusta-Bades Baden-Baden

Baden-Baden
Bäder- und Kurverwaltung

Bauträger ist die Bäder- und Kurverwaltung Baden-Baden, Anstalt des öffentlichen Rechts.

Als 1906 das Augustabad eröffnet wurde, ahnte niemand, daß dieses für die damalige Zeit moderne Badegebäude schon bald den geänderten Ansprüchen nicht mehr gerecht sein würde.

Der Verwaltungsrat der Bäder- und Kurverwaltung hat nach langjährigen Beratungen und Untersuchungen am 28. 9. 1982 den Bau der »NEUEN THERME« und den Umbau des Augustabades beschlossen. Der Bauplan erstrebt eine harmonische Zusammenfassung des heutigen Augustabades mit der NEUEN THERME. Die NEUE THERME soll das Flair römischer Badetradition in Baden-Baden bewahren und an die Vorbilder römischer Bäderbauten in Aquae Aureliae anknüpfen.

Das neue Thermengebäude soll im Frühling 1985 eröffnet werden.

Im Jahr der Grundsteinlegung ist:

Ministerpräsident von Baden-Württemberg:	Oberbürgermeister von Baden-Baden:	Vorsitzender Verwaltungsrat der Bäder- und Kurverwaltung:	Vorstand der Bäder- und Kurverwaltung:
Lothar Späth	**Dr. Walter Carlein**	**Dr. Walter Carlein**	**Dr. Sigrun Lang**

Alle Festgäste, die bei der Grundsteinlegung beiwohnen, haben den tiefen Wunsch, daß das Gebäude glücklich beendet und den Besuchern unserer Bäder Gesundheit und Lebensfreude vermitteln wird.

Baden-Baden, den 14. November 1983

Der Verwaltungsrat: Der Vorstand:

Der Gemeinderat der Gemeinde Ruit a. F.

hat sich entschlossen, zur Erinnerung und als Überlieferung für die, die nach uns kommen, anläßlich des Richtfestes und der Grundsteinlegung des Neubaues unseres Rathauses diese

URKUNDE

auszufertigen und sie mit anderen Zeugnissen in dem Bauwerk zu verwahren.

Der Rathausneubau ist notwendig geworden, weil das an der Mörikestraße aus dem Jahre 1598 stammende, alte Rathaus räumlich viel zu klein geworden ist. Die Gemeinde Ruit hat in den Jahren nach der Währungsreform eine sprunghafte Entwickung mitgemacht. Während bei Ausbruch des 2. Weltkrieges die Gemeinde 1950 Einwohner zählte, beträgt die Einwohnerzahl heute über 4600. Von der früheren Bauerngemeinde über die Arbeiterwohngemeinde hat sich Ruit in den letzten Jahren zu einem Gemeinwesen entwickelt, in dem Industrie, Handel, Handwerk und Gewerbe blühen. Der Gemeinde war es auch nur deshalb und durch größere staatliche Finanzzuweisungen möglich, diesen Rathausneubau zu erstellen. Der Platz, auf dem das neue Rathaus steht, konnte im Jahre 1961 durch das Verständnis verschiedener privater Grundstückseigentümer durch Kauf und Tausch erworben werden.

Anfang 1961 hat die Gemeinde einen Baubewerb ausgeschrieben. Das Preisgericht hat in seiner Entscheidung vom 17. Juni 1961 den Ersten Preis dem Entwurf der Stuttgarter Architektin Renate Weisbach zuerkannt. Diese Architektin ist durch Beschluß des Gemeinderats vom 14. Juni 1961 auch mit der Planung und örtlichen Bauleitung beauftragt worden. Nachdem die Finanzierung sichergestellt worden war, konnte mit den Bauarbeiten am 19. März 1962 durch die Firma Gottlob Rommel, Bauunternehmung aus Stuttgart, begonnen werden.

Das neue Rathaus soll der Nachwelt Ausdruck geben von unserer Zeit. Im Stile unserer Zeit erbaut, soll es auch für künftige Generationen erstellt sein. Die Gemeinden erfreuen sich in der heutigen Zeit eines weitgehenden Selbstverwaltungsrechts. Die Tage des Bauens sind jedoch überschattet von düsteren Wolken am politischen Horizont. 17 Jahre nach Beendigung des 2. Weltkrieges ist die politische Lage noch immer unsicher. Das deutsche Volk ist in zwei Teile gespalten. Durch die frühere Reichshauptstadt Berlin verläuft zwischen Ost und West eine Mauer. Niemand weiß, was das Schicksal unserem Volk noch bringen wird. Das ist die Lage, die sich heute darbietet.

Wir bitten unseren Herrgott, daß er diesen Neubau in allen Stürmen der Zeit bewahren und daß dieses Haus den Bürgern unserer Gemeinde immer ein Hort des Friedens und des guten Rats sein möge.

Ruit auf den Fildern, am 31. August 1962

Der Bürgermeister: Die Gemeinderäte: Der Landrat:

Gemeindepfleger: Gemeindeinspektor:

Architektin: Unternehmer: Kreisbaumeister: Statiker:

Evang. Pfarrer: Kath. Pfarrer: Rektor:

Herrn
RUDOLF BLANCKERTZ

dem tatkräftigen, zielbewußten
und verständnisvollen Förderer
und Pfleger deutscher Schriftkunst

zu seinem 70. Geburtstag

die aufrichtigsten Glückwünsche.
Möge die lebendige und fruchtbare
Anteilnahme an der Heranbildung
einer künstlerisch empfindenden Jugend
unserem Volke noch viele Jahre
erhalten bleiben.

Anna Simons,
München

Gemeinde Hinrichshagen
Der Bürgermeister

Dem Ehepaar
Jens und Karen Goedecke

spreche ich zum hohen und seltenen
Fest der

EISERNEN HOCHZEIT

besonders herzliche Glückwünsche aus,
verbunden mit der Hoffnung auf weiteres
Wohlergehen und eine
noch lange gemeinsame Zeit.

Hinrichshagen, den 16. August 1982

Ihrem sehr verehrten Vorstandsdirektor

Herrn Dr. Samuel Löw

entbieten die Vertreter des
Bankhauses Goldmann und Söhne
in besonderer Wertschätzung
zum 26. November 1990 die
besten Glück- und Segenswünsche.
Wir alle hoffen, noch viele Jahre unter Ihrer
zielbewußten und erfahrenen Leitung
für unser Unternehmen tätig sein
zu können.

26. November 1990

Frankfurt

Bremen Hamburg München Wien

London Paris New York Sao Paulo

Der Verein für
Niedersächsisches Volkstum in Bremen

übermittelt Herrn

HEINRICH SANDSTEDE

in Bad Zwischenahn,
dem unermüdlichen Erforscher unserer
heimatlichen Pflanzenwelt, dem erfolg-
reichen Pfleger Ammerländer Volkstums,
dem Schöpfer des Zwischenahner
Freilichtmuseums, dem treuen Sohn
Niedersachsens, zu seinem

70. GEBURTSTAG

die herzlichsten Glückwünsche!

Bremen, den 20. März 1929

Der Vorstand:

4. Panzergrenadierbrigade
Der Kommandant

Für die tatkräftige und hilfsbereite
Unterstützung bei der Übung

KOMET 92

spreche ich den Bediensteten der

Zugleitung ÖBB Direktion Linz

meinen herzlichen Dank aus.

Linz, im Februar 1992

Der Brigadekommandant:

Hamburg, am 1. Januar 1992

Frau

LONI LINDER

steht am heutigen Tag 25 Jahre
im Dienst der ESSO-Organisation.
Mit unseren herzlichen Glückwünschen
zu diesem Anlaß verbinden wir unseren
aufrichtigen Dank für die
langjährige verdienstvolle
Mitarbeit und die so
bewiesene enge Verbundenheit
mit unserer Gesellschaft.

Der Vorstand:

Sehr geehrte Herren!

Zum hundertfünfzigjährigen Bestehen des in Ihrem Verlage erscheinenden »Schwäbischen Merkur« erlauben wir uns, Ihnen unsere besten Glückwünsche auszusprechen. Dieses Jubiläum reicht seiner Bedeutung nach über den Rahmen einer bloßen Firmengeschichte hinaus. Hundertfünfzig Jahre Zeitung! Was das alles in sich schließt: Anfang in Zeiten noch fast gutenbergischen Druckens und riesiges Werden im Fortschreiten mit der Entwicklung des Pressewesens. Hundertfünfzig Jahre Zeitung! Das ist ein Stück Geschichte, ein Stück Kultur, das ist gestaltende Teilnahme am öffentlichen Leben durch eine Reihe von Geschlechtern und darum enge Verbindung mit dem Heimatboden, in dem Ihre Zeitung wurzelt. Ein solches Jubiläum gibt Anlaß zu Rückblicken und Ausblicken, zu besinnlichem Gedenken und zu guten Wünschen für den weiteren Weg. Mögen Ihrer Arbeit auch in Zukunft Glück und Erfolg und Ihrem Unternehmen eine weitere gedeihliche Entwicklung beschieden sein.

Frankfurt am Main, den 3. Oktober 1935

Schriftgießerei David Stempel A. G.

Zweiter Teil: Kalligraphische Gestaltung

Einleitung

Die Aufgabe des Kalligraphen ist es, den nüchtern vorgegebenen Wortlaut in ein schriftgraphisches Bild umzuwandeln. Meist wird der Auftraggeber gewisse Wünsche bezüglich der Ausführung äußern, in vielen Fällen aber auch genaue Vorgaben erfüllt haben wollen. Es wird deshalb zweckmäßig sein, alle wichtigen Einzelheiten im Einvernehmen festzulegen. Bei allen Zugeständnissen seitens des Kalligraphen dürfen jedoch die grundsätzlichen typographischen und künstlerischen Regeln nicht außer acht gelassen werden. Sofern man den Text nicht selbst verfaßt hat, ist es unumgänglich, sich zunächst mit Zweck und Inhalt der Urkunde vertraut zu machen und davon ausgehend die Wertigkeiten zu bestimmen.

Die kalligraphische Gestaltung läßt sich in zwei Schritte unterteilen: *Typographische Planung* und *Praktische Ausführung*. Der erste Abschnitt behandelt die Schriftarten, ihre Besonderheiten und Eignung für bestimmte Inhalte, Möglichkeiten der Hervorhebung sowie die Verwendung von Illustrationen. Sie erfahren, wie man günstige Verhältnisse für Format und Schriftspiegel findet und welche Formen der Textanordnung in Frage kommen. Mit Werkzeug, Zubehör und Schreibflüssigkeiten macht Sie der zweite Abschnitt vertraut. Sie erwerben die wichtigsten Kenntnisse über geeignete Papiersorten sowie die Behandlung von Pergament und können schließlich Schritt für Schritt die eigentliche kalligraphische Arbeit vom Entwurf bis zur endgültigen Reinschrift nachvollziehen. Natürlich werden auch die Techniken des Vergoldens und Siegelns beschrieben und abschließend die Möglichkeiten für eine passende äußere Aufmachung zur Aufbewahrung erwähnt.

Eine gediegene Urkunde im Stile unserer Zeit verlangt nicht nach reicher Ausschmückung, sondern soll bestechen, durch gute Blattproportionen, bedachte Wahl des Ausdrucks zur Wiedergabe des Inhalts und die Ausgewogenheit ihrer Teile. Immer sollte aber die Schrift als Trägerin des Wortes das beherrschende gestalterische Element sein.

Antiqua

Kapitalis

Unziale

Humanistische Kursive

Textur

Fraktur

1 Typographische Planung

Schriften

Zwar wird die Entscheidung über die zu verwendenden Schriften weitgehend vom persönlichen Geschmack des Auftraggebers und dem Können des Schreibers abhängig sein, doch ihre graphische Aussage soll dem Sinn und Zweck des Textes entprechen. Einige Formen eignen sich besonders für die Wiedergabe bestimmter Inhalte.

Grundschrift

Die Wahl der Grundschrift, in der die überwiegenden Texte dargestellt werden, ist nicht nur für das Erscheinungsbild der Urkunde maßgebend, sondern bestimmt auch, welche anderen Schriften für die Hervorhebungen verwendet werden können. Die nachfolgende kurze Charakterisierung der wichtigsten Schriftarten soll Ihnen bei der Auswahl behilflich sein.

Antiqua

Eine klare, zeitlose und gut lesbare Schrift, die man für praktisch alle Zwecke und Textlängen verwenden kann. Sie erfreut sich bei Urkunden sachlichen Charakters (z. B. Zeugnisse, Wettbewerbe) besonderer Beliebtheit. Die Antiqua kann in verschiedenen Formen (mit oder ohne Endstriche) ausgeführt werden, erfordert aber eine gewisse Schreibfertigkeit.

Kapitalis (Antiqua-Großbuchstaben)

Ihre monumentale Wirkung läßt die Kapitalis vorwiegend für feierliche, ernste Inhalte besonderer Bedeutung (z. B. öffentliche Ehrungen, Diplome) geeignet erscheinen. Da sie nicht nur aufwendig zu schreiben ist und viel Platz benötigt, sondern auch bei längeren Texten ermüdend wirkt, setzt man sie vorwiegend bei kurzen Wortlauten ein.

Unziale

Die feierliche Großbuchstabenschrift wird in ihrem Duktus von breiten Rundformen bestimmt. Sie findet zwar vorwiegend im kirchlichen Bereich Verwendung, läßt sich aber durchaus auch für *weltliche* Zwecke vorsehen. Der gute Schreibbarkeit stehen ein verhältnismäßig großer Raumbedarf und geringe Lesegeschwindigkeit gegenüber.

Humanistische Kursive

Mit ihren ausdrucksvollen Ober- und Unterlängen wirkt sie durch ihre Schräglage lebendig und eignet sich damit für alle nicht ausgesprochen feierlich-ernsten Inhalte (z. B. Wettbewerbe, Anerkennungen, Partnerschaften, Adressen). Wegen ihrer flotten Schreibbarkeit und des geringen Platzbedarfs wird sie auch gern für umfangreiche Texte genommen.

Textur (Gotisch)

Die konsequente Brechung und die enge Stellung der Buchstaben erzeugen ein gitterartiges Gesamtbild mit strenger, erhabener Wirkung. Daraus ergibt sich ihre besondere Eignung für würdige Anlässe (z. B. Ernennungen). Längere Texte können allerdings beim Lesen etwas anstrengen.

Fraktur

Das bewegt-schwungvolle Formenspiel der Buchstaben bietet sich sowohl für Schriftstücke festlichen als auch freudigen Inhalts (z. B. Vereinsehrungen, Verleihungen, Stiftungen, Adressen) an. Leichte Schreibbarkeit und geringer Platzbedarf lassen sie auch für längere Texte geeignet erscheinen. Wenn man eine schlichte Ausführung wählt, wird Fraktur auch heute von jedem vorurteilsfreien Betrachter ohne Mühe gelesen werden können.

Auszeichnungsschriften

Zum Hervorheben einzelner Wörter oder Textteile kann man von der Grundschrift abweichende Schriften einsetzen, wobei sich allerdings solche gleicher Gattung (z. B. eine serifenlose und serifenbetonte Antiqua) nicht zur gemeinsamen Verwendung eignen.
Verschiedene Vorschläge zur Schriftmischung zeigt die folgende Zusammenstellung:

Verzierungen

Schwünge und Schleifen können eine Bereicherung sein, wenn sie gekonnt ausgeführt und maßvoll angewandt werden. Zeilenanfänge und -enden bieten sich dazu ebenso an wie Freiräume bei Ober- und Unterlängen. Von Schnörkeln durchwucherte Urkunden des 19. Jahrhunderts sind aber kein nachahmenswertes Vorbild! Innerhalb eines geschlossenen Textblocks sollte man auf Verzierungen besser verzichten.

Grundschrift	Auszeichnungsschriften
Antiqua	*Kapitalis, Unziale, Kursive, Textur, Fraktur*
Unziale	*Kapitalis, Textur*
Kursive	*Antiqua, Kapitalis*
Textur	*Antiqua, Kapitalis, Unziale*
Fraktur	*Antiqua, Kapitalis*

Allgemein sollten jedoch nur zwei, höchstens aber drei Schriftarten in nicht mehr als insgesamt vier Größen in einer Urkunde vorkommen.

Schriftgrade

Die Größe der Grund- und Auszeichnungsschrift(en) hängt vom Schriftspiegel, der damit verfügbaren Zeilenlänge und der Textmenge ab. Aus schreib- und lesetechnischen Gründen wird man die Höhe des »n« nicht unter 3 mm wählen. Beschränken Sie sich auf allerhöchstens vier Schriftgrade, die sich in ihrer Größe *deutlich* voneinander unterscheiden.

Schwünge

Schleifen

Schnörkel

Initiale auf der ersten Zeile stehend — *mehrzeilige Aussparungen* — *freistehend*

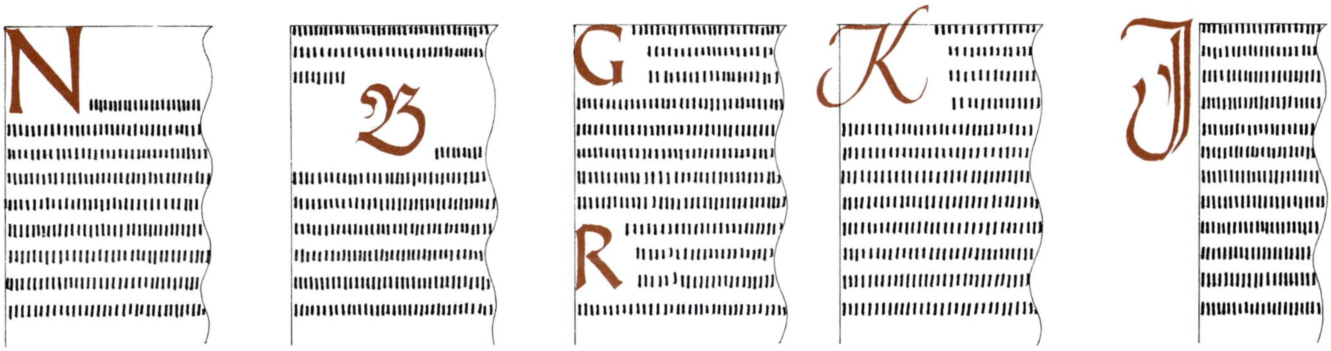

a) linksbündig — *b) eingerückt* — *a) eingebaut* — *b) teilweise eingefügt*

Initialen

Als Initialen werden durch ihre Größe oder besondere Ausführung auffallende Großbuchstaben bezeichnet. Sie dienen zur Hervorhebung eines Wortes oder Textanfangs. Ob und – wenn ja – in welcher Gestalt sie verwendet werden, hängt vom Inhalt des Textes, der Wahl der Schriftart und letztlich von den übrigen Hervorhebungen ab. Ein beherrschender Anfangsbuchstabe verlangt Zurückhaltung bei den übrigen Auszeichnungen. Um sie mit dem Text als Einheit erscheinen zu lassen, muß die Initiale gleichgewichtig angeordnet werden. Einige Gestaltungsmöglichkeiten zeigen die abgebildeten Beispiele.

Ligaturen

Ligatur oder Verbundbuchstabe ist der Fachbegriff für zwei Buchstaben, die zu einem Zeichen zusammengefaßt werden. Sprachliche Ligaturen sind Buchstaben, die durch ihre Verbindung den Lautwert ändern (ch, ck, tz). Technische Ligaturen entstehen aus dem Bedürfnis, durch das Zusammenziehen von Buchstaben Raum zu gewinnen oder optischen Ausgleich zu schaffen. Bei Fraktur und Textur sind neben den sprachlichen die gängigen technischen Ligaturen unverzichtbar, bei allen anderen Schriften eine willkommene Bereicherung. Bei zusammengesetzten Wörtern darf an der Wortfuge keine Ligatur verwendet werden (z. B. Wert-Zahl).

Verschiedene Ligaturen:

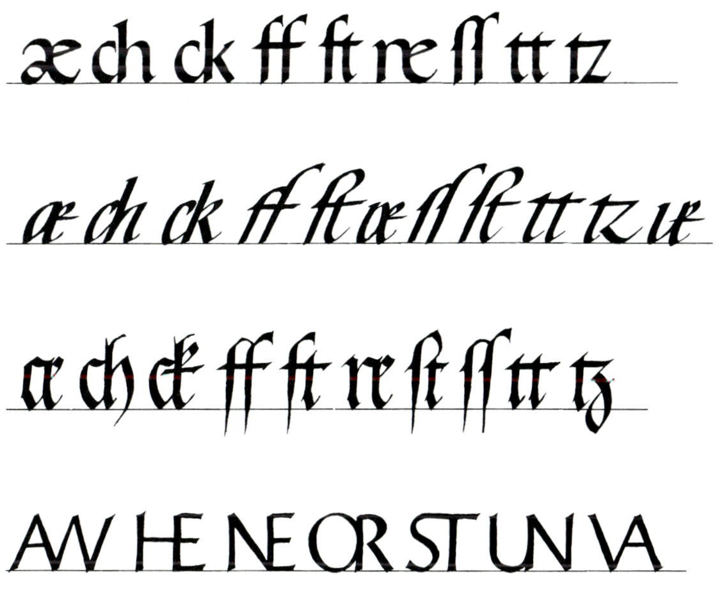

Antiqua

Humanistische Kursive

Fraktur

Kapitalis

S-Schreibung

Fast alle Schriften mit Kleinbuchstaben kennen zwei verschiedene Formen des »s«: das sogenannte lange ſ und das runde s.

Grundsätzlich gilt die Regel:
s kann *nur* am Wort- oder Silbenende stehen, z. B.
Haus, Häs-chen, Aus-ſichts-turm;
in allen anderen Fällen steht ſ.
Die Form »ss« gibt es nicht.

Die genauen Richtlinien zum Gebrauch der s-Laute bei gebrochenen Schriften (Gotisch, Fraktur) sind den einschlägigen Regelwerken (z. B. der »Duden« – Rechtschreibung, 20. Auflage, S. 74) zu entnehmen und gelten sinngemäß auch für Antiqua und Humanistische Kursive.

Besonderheiten

Sollen Wörter ausschließlich aus Versalien (Großbuchstaben) gebildet werden, sind die Formen der Humanistischen Kursive, der Textur sowie der Fraktur dazu ungeeignet. Auf das Sperren von Wörtern (Vergrößern der Buchstabenabstände zur Auszeichnung) im laufenden Text sollte zugunsten anderer Hervorhebungsmöglichkeiten verzichtet werden.

Illustrationen

Alle darstellenden Teile einer Urkunde, die nicht aus Schrift bestehen, werden hier als Illustrationen bezeichnet. Auch sie dürfen den gedachten Rahmen des Schriftspiegels nicht sprengen und sollen grundsätzlich als sparsam zu verwendendes Beiwerk betrachtet werden, das der Schrift untergeordnet ist:

Symbole und Bilder

Firmen- und Vereinszeichen bilden oft willkommene Gestaltungselemente, die sich im allgemeinen wegen ihrer schlichten Ausführung gut einbauen lassen.
Fotos haben in Urkunden nichts zu suchen, aber auch gezeichnete Bilder eignen sich nur bedingt. Wo eine Wiedergabe unverzichtbar erscheint, sollte man sich auf eine klare Darstellung beschränken, die nach Möglichkeit mit dem gleichen Werkzeug wie die Schrift ausgeführt wird.

Wappen

Wappen unterliegen genauen heraldischen Gesetzen, die bei der Darstellung unbedingt beachtet werden müssen. Wichtig ist daher eine möglichst genaue und vor allem farbgetreue Vorlage. Da die Wappenfarben keinesfalls verändert werden dürfen, empfiehlt es sich, die Farbtöne der Schriften darauf abzustimmen.

Schmuckelemente

Dazu gehören Linien, Ornamente und stilisierte Darstellungen wie z. B. Ranken oder Blätter. Gute Schmuckelemente zeichnen sich durch schlichte Gestaltung sowie eine weitgehende Übereinstimmung mit der Schrift in Strichstärke und Linienführung aus.

„ſ" läßt ſich auch bei Antiqua und Humaniſtiſcher Kurſive einſetzen

Hervorhebungen und Farben

Wichtige Bestandteile einer Urkunde (Aussteller, Empfänger, Hauptgegenstand oder Titelbezeichnung des Schriftstücks) können durch unterschiedliche Schriftgrößen, Schriftarten, Initialen und Farben hervorgehoben werden. Hierzu müssen – sofern dies nicht bereits durch den Auftraggeber im Manuskript erfolgt ist – die betreffenden Stellen bestimmt werden. Treten diese in unmittelbarer Folge auf, wird eine zufriedenstellende gestalterische Lösung kaum möglich und somit eine Textänderung unvermeidbar sein.

Schwarz gilt als klassische Farbe für die Grundschrift von Urkunden, aber auch Indigoblau, Sepiabraun oder Englischrot eignen sich vorzüglich. Abgesehen davon kann man für Hervorhebungen noch andere Farben anwenden, auf grelle Töne sollte man jedoch verzichten. Auch hier ist weniger mehr: Die zurückhaltende, aber gezielte Anwendung von Farben oder Gold erhöht die Wirkung eines Schriftblattes.

Format und Schriftspiegel

Die endgültige Größe eines Blattes hängt nicht nur vom Umfang des Wortlautes, sondern in erster Linie von der Zweckbestimmung und Wichtigkeit des Ereignisses ab. Das Format DIN A4 (21 × 29,7 cm) sollte man schon aus Platzgründen nicht unterschreiten; Größen über DIN A2 (42 × 59,4 cm) werden eher

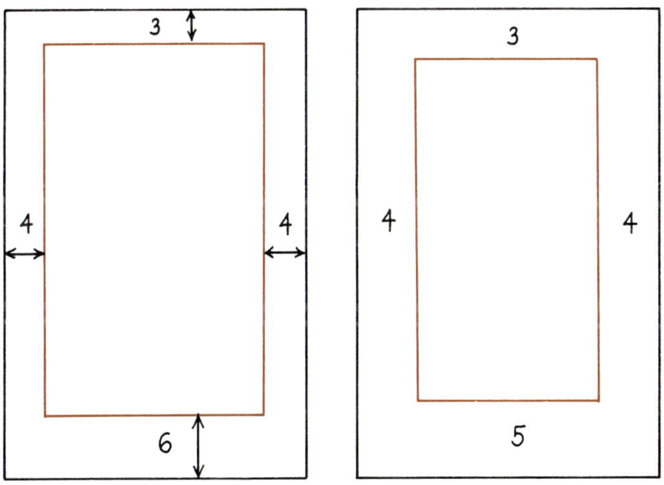

Einzelblatt

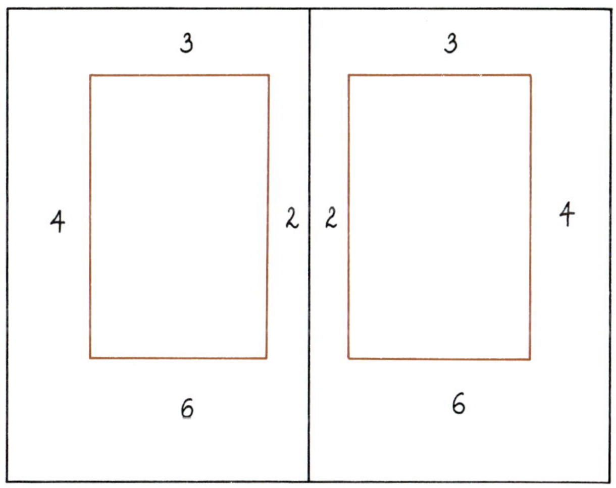

Doppelblatt

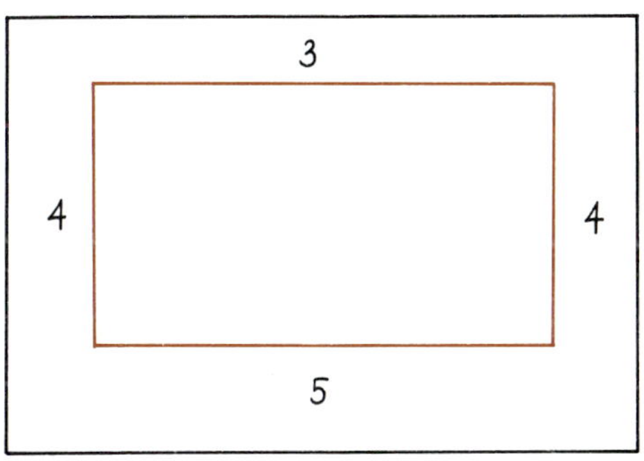

Ausgewogene Ränder im Verhältnis 3:4:6 oder 3:4:5 mit verschieden großen Schriftspiegeln.

Konstruktionen nach dem Goldenen Schnitt:
Format:

- ☐ Strecke AB in beliebiger Länge zeichnen
- ☐ Halbierte Strecke AB im rechten Winkel über B errichten
- ☐ Punkt C mit A verbinden
- ☐ Kreisbogen von B nach der Strecke AC schlagen, ergibt Schnittpunkt D
- ☐ Kreisbogen von D nach der Strecke AB schlagen, ergibt Schnittpunkt E
- ☐ Strecke AE steht zu AB im Verhältnis des Goldenen Schnitts, wird senkrecht über B errichtet und ergibt Punkt F

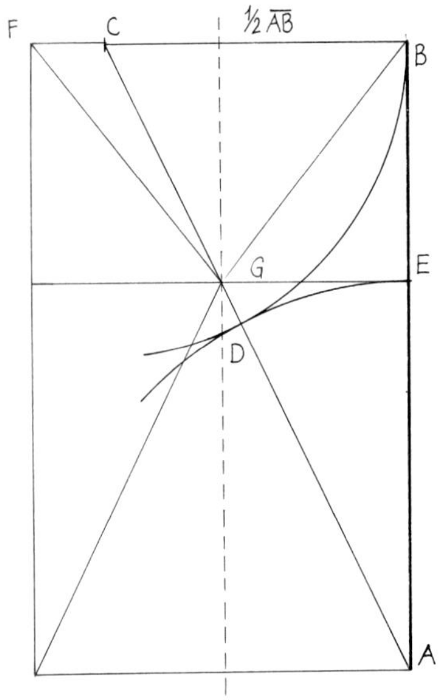

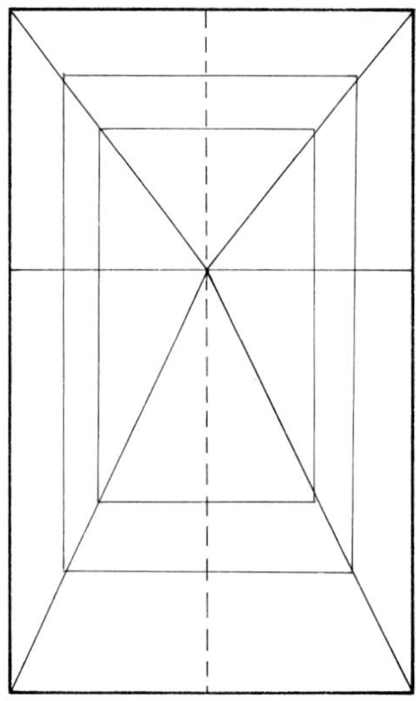

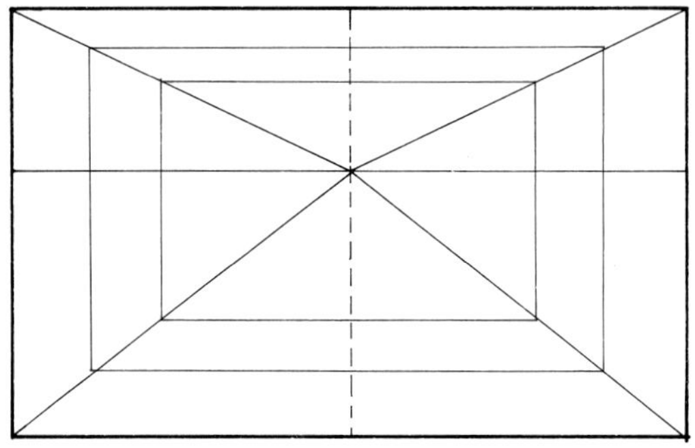

die Ausnahme darstellen. Die Papierformate (Blattgrößen) nach DIN weisen jedoch keine günstigen Proportionen auf. Sofern keine zwingende Notwendigkeit DIN-Maße erfordert, sollte man sich für Blattgrößen mit ausgewogenerer Wirkung entscheiden. Gute Seitenverhältnisse sind 2:3, 3:4, 5:8 oder die Maße des *Goldenen Schnittes* 1:1,618. Daraus ergibt sich ein stehendes oder liegendes Rechteck. Wofür Sie sich entscheiden, wird von der geplanten Gestaltung und äußeren Aufmachung (Aufbewahrung) abhängen.
Der *Schriftspiegel* ist jener gedachte Rahmen, der Schrift und Illustrationen umschließt und mit der Breite der Randflächen in wechselseitiger Abhängigkeit steht. Grundsätzlich gilt die Faustregel, daß beide Seitenränder gleich oder etwas breiter wie der obere Rand sein sollen, der untere jedoch 1,5 bis 2mal so groß. Bei einer Doppelseite entspricht der Abstand der beiden Schriftspiegel voneinander der Breite eines Seitenrandes. Bemessen Sie die Randflächen nicht zu knapp, denn die Wirkung einer Urkunde wird davon wesentlich beeinflußt. Bei Formaten im Goldenen Schnitt kann der passende Schriftspiegel auch durch eine einfache Konstruktion ermittelt werden, weicht dann allerdings von den bisher genannten Verhältniszahlen etwas ab. Sie hat aber den Vorteil, daß auch bei Änderungen der Breite oder Höhe die Randverhältnisse immer gleich bleiben.
In verschiedenen Fällen kann es bei bestimmten Teilen (z. B. einzelne lange Zeilen, Initialen, Schwünge, Schleifen) zum optischen Ausgleich notwendig sein, den Rahmen des Schriftspiegels etwas zu überschreiten.

Schriftspiegel:

- ☐ Bei Querformaten muß zuerst die Höhe im Goldenen Schnitt geteilt werden
- ☐ Senkrechte auf E zur gegenüberliegenden Seite errichten
- ☐ Strecke BF halbieren, Schnittpunkt mit Senkrechter auf E ergibt Mittelpunkt G
- ☐ Diagonalen von den Eckpunkten nach G ziehen
- ☐ Alle Eckpunkte des Schriftspiegels müssen auf den Diagonalen liegen

Prof. Friedrich Neugebauer: Patenschaft (Verpflichtungsurkunde)

SCHIRMHERRSCHAFT ÜBER DIE SUDETENDEUTSCHE VOLKSGRUPPE

Eingedenk der jahrhundertealten hiſtoriſchen und kulturellen Bindungen zwiſchen den bayeriſchen und den böhmiſchen Ländern und der verwandtſchaftlichen Beziehungen der Altbayern, Franken und Schwaben zu den Deutſchen in Böhmen, Mähren und Schleſien und als Zeichen der Anerkennung des Freiſtaates Bayern und der bayeriſchen Bevölkerung für die Verdienſte der Mitbürger aus dem Sudetenland, hat die Bayeriſche Staatsregierung anläßlich des fünften Sudetendeutſchen Tages zu Pfingſten 1954 in München die Schirmherrſchaft über die Sudetendeutſche Volksgruppe übernommen. Die Bayeriſche Staatsregierung verleiht mit der Übernahme dieſer Schirmherrſchaft ſichtbaren Ausdruck, vor allem ihren Dank dafür, daß die heimatvertriebenen Sudetendeutſchen einen wertvollen Beitrag auf politiſchem, kulturellem und ſozialem Gebiet zum Wiederaufbau des Freiſtaates Bayern geleiſtet und ſich als eine zuverläſſige Stütze unſerer freiheitlichen demokratiſchen Ordnung bewährt haben. Die Bayeriſche Staatsregierung betrachtet die ſudetendeutſche Volksgruppe als einen Stamm unter den Volksſtämmen Bayerns. Sie bekennt ſich zum Heimat- und Selbſtbeſtimmungsrecht der Sudetendeutſchen, das ſie jederzeit mit dem ganzen Gewicht ihres Einfluſſes vertreten will. Sie wird ſtets beſtrebt ſein, das Volkstum der Sudetendeutſchen zu erhalten und ihre Landsmannſchaft und deren Einrichtungen als Vertretung der ſudetendeutſchen Volksgruppe bei der Wahrnehmung der heimatpolitiſchen, kulturellen und ſozialen Aufgaben ideell und finanziell zu fördern.

München, den 7. November 1962
Der Bayeriſche Miniſterpräſident

FREISTAAT BAYERN

Textanordnung

Die Gliederung eines Textes steht in engem Zusammenhang mit seiner inhaltlichen Aussage. Die Wertigkeit und Rangordnung der einzelnen Teile wird dabei durch Kontraste sichtbar gemacht. Neben den schon bei den Hervorhebungen genannten möglichen Gegensätzen spielen auch räumliche Abstände und damit die örtliche Lage eine wichtige Rolle.
Von der äußeren Form her unterscheidet man allgemein zwischen *asymmetrischer* und *symmetrischer* Gestaltung.
Die natürlichste Form geschriebener Texte ist der *asymmetrische, linksbündige* Aufbau, bei dem alle Zeilenanfänge eine senkrechte Linie bilden. Dieses etwas einseitige Bild kann durch Hervorhebungen (Hauptzeilen, Initialen) oder Illustrationen, die diese senkrechte Linie verlassen, aufgelockert werden.
Um den rechten Rand optisch auszugleichen, müssen einige Zeilen den Schriftspiegel etwas überschreiten. Sinngemäß gilt dies für den *rechtsbündigen* Aufbau, der aber wegen des gleichmäßigen, rechten Zeilenendes ein gewisses kalligraphisches Können voraussetzt.

Eine weitere Möglichkeit asymmetrischer Gestaltung ist der sogenannte *freie Zeilenfall* mit unregelmäßigen Anfängen und Enden, der sich besonders für längere Texte eignet. Wenn man die Zeilen ungefähr gleich lang hält, ergibt sich durch die getreppten Seitenränder ein zwar lebendiges, aber trotzdem geschlossenes Gesamtbild.

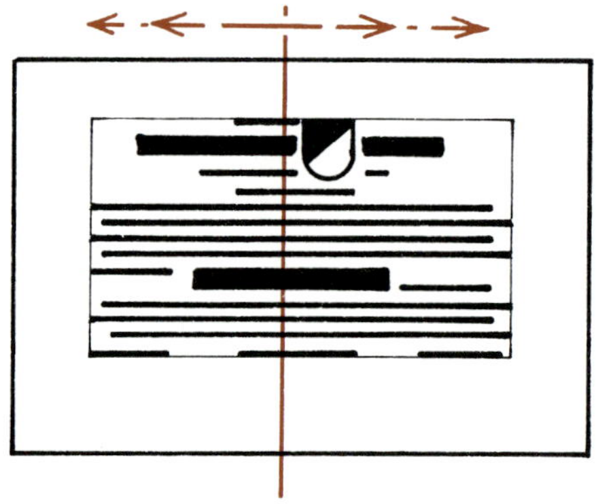

freier Zeilenfall

asymmetrisch

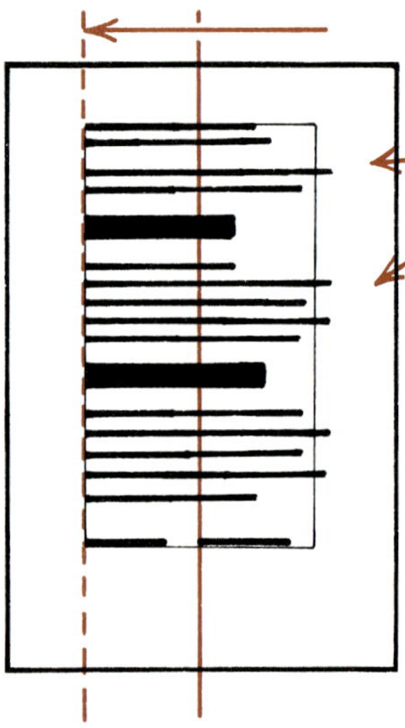

linksbündig

optischer Randausgleich

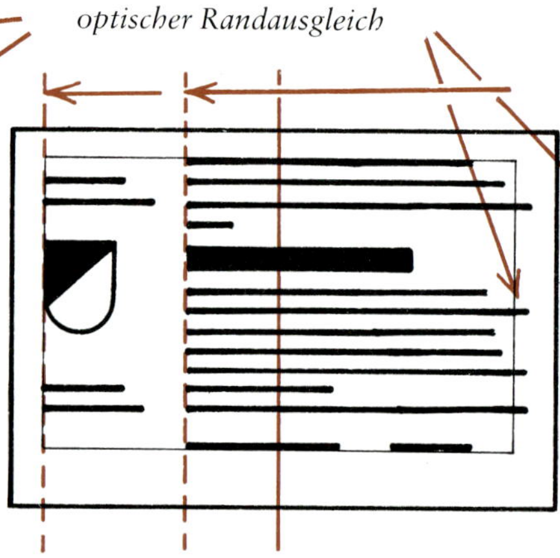

linksbündig

asymmetrisch

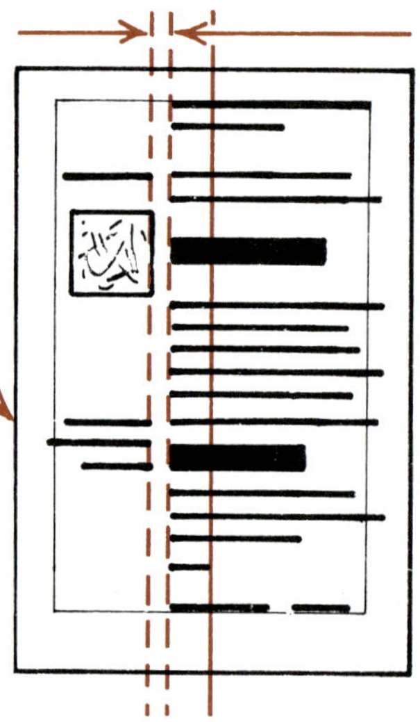

rechts- und linksbündig

Der *symmetrische* Aufbau erfordert zwar mehr Arbeit, ist aber eine bewährte Ordnungsform, wenn es auf ein ruhiges und würdevolles Erscheinungsbild ankommt. Alle Zeilen und Illustrationen werden dabei auf die Mittelachse ausgerichtet. Der regelmäßige Wechsel von kurzen und langen Zeilen muß bei der Textgliederung berücksichtigt werden, um ein ausgeglichenes Gesamtbild der Ränder zu gewährleisten. Dazu tragen auch etwa gleich lange Kopf- und Fußzeilen bei. Bei einer oder wenigen sehr langen Zeilen kann auch hier ein optischer Randausgleich notwendig sein.
Die *Blockform* mit ihren gleich langen Zeilen ist kalligraphisch nur schwer zu verwirklichen und beeinträchtigt durch das erzwungene Gefüge meist Schriftbild oder Lesbarkeit. Man sollte sich dieser Gestaltungsform daher nur in Ausnahmefällen bedienen.
Verschiedene Formen können auch miteinander in einer Urkunde verwendet werden, doch kann davon leicht eine unruhige Wirkung ausgehen.
Bei der Anordnung der einzelnen Teile ist zu beachten, daß optische Mitte und Schwerpunkt eines Blattes etwas über den geometrischen Werten liegen. Ein gutes Maß ist auch die Teilung der Höhe nach dem Goldenen Schnitt. Alle Textblöcke, Initialen und Illustrationen sollen in ihrer Beziehung zueinander klare Spannungsverhältnisse bilden, trotzdem aber in ihrer Gesamtheit den Eindruck der Ausgewogenheit vermitteln.
Es empfiehlt sich immer, mehrere Lösungsmöglichkeiten in Betracht zu ziehen und anhand von Bleistiftskizzen zu vergleichen. Je genauer sie ausgeführt werden, desto besser kann man die tatsächliche Wirkung der Urkunde beurteilen.

symmetrisch

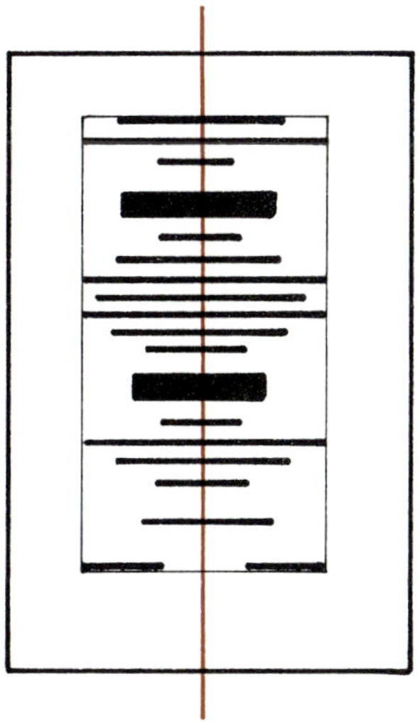

symmetrisch

Die nach dem bekannten Landschaftspfleger
Franz-Xaver Almsbacher

A benannte und seit 1974 jährlich vergebene
Almsbacher-Gedenkplakette
für besondere Verdienste des Naturschutzes

wird auf einstimmigen Beschluß des Verleihungsausschusses
der Gemeindevertreter von Paudorf und Arrling
dem Ehepaar **Alois und Klara Höllhuber** für die Erhaltung des
Biotops »Teufelsmoor« zuerkannt.

Arrling, am 16. März 1982

Gemeinde Paudorf: ____________

Gemeinde Arrling: ____________

2
Praktische Ausführung

Werkzeug

Federn und Pinsel

Das wichtigste Handwerkszeug des Schreibers ist die Feder. Alle in diesem Buch besprochenen und die meisten der bei Urkunden verwendeten Schriften können mit den einzeln erhältlichen, auswechselbaren *Bandzugfedern* aus Stahl geschrieben werden, die in den Breiten von 0,5 mm bis 5 mm im Handel erhältlich sind.
Füllfederhalter mit kalligraphischen Schreibspitzen sind nur bedingt verwendbar, da sie nicht für Aquarell- oder andere Farben geeignet sind.
Bandzugfedern gibt es auch in Form von *Rohr-* (Bambus, Schilf) oder *Kielfedern* (Gans, Rabe), die sich zwar sehr gut der Schreibhand anpassen, aber eine entsprechende Zurichtung erfordern. Für breitere Strichstärken werden sogenannte *Plakatfedern* in den Größen von 5 mm bis 20 mm angeboten.
Spitz- und Zeichenfedern werden zum Ausbessern, zum Ergänzen und Anfertigen von Illustrationen benötigt.
Wer mit Anreibetusche oder Farben arbeitet, benötigt einen Pinsel zum Füllen des Stauraums der Feder. Man sollte sich diese Gewohnheit auch bei gewöhnlicher Tinte oder Tusche zu eigen machen, um unangenehme Kleckser zu vermeiden.
Zum Anlegen von farbigen Buchstaben oder Flächen empfiehlt es sich, einige Pinselstärken vorrätig zu haben.

Zubehör

Neben dem auch bei allen anderen kalligraphischen Arbeiten üblichen Zubehör wie z. B. Leinenläppchen (zum Reinigen der Federn) oder Bleistiften verschiedener Härte sollten Sie noch folgende Dinge bereithalten:
Ein mindestens 50 cm langes *Lineal* aus Metall zum Schneiden und Linieren größerer Papierbögen, dazu einen *Cutter (Bastlermesser)* mit abbrechbaren Klingen. Stumpfe oder leicht gebogene *Nadeln* zum Linieren von empfindlichen Beschreibstoffen.
Näpfchen aus Porzellan oder Kunststoff und *destilliertes Wasser* zum Anrühren von Farben. Zum Abschaben fehlerhafter Stellen eignet sich eine *Rasierklinge* oder ein *Rasiermesser*; besonders fein läßt sich mit *chirurgischen Messern* arbeiten. Mit einem *Schleifstein (Arkansasstein)* lassen sich Federn auf Zwischengrößen abschleifen und nachschärfen.
Beim Zusammenstellen des Klebeumbruchs ist ein *ablösbarer Montagekleber* (Fixogum) nützlich.
Weitere Hilfsmittel, die für bestimmte Verfahren benötigt werden, sind im betreffenden Abschnitt erwähnt.

1 Tempera Gouache *(Lukas)*
2 Schwarze Eisengallustine *(Abraxas)*
3 Aquarellfarbe *(Schmincke)*
4 Aquarellfarbe *(Lukas)*
5 Künstler- und Designer-Gouache aero-feinst *(Schmincke)*
6 HKS-Designers Gouache *(Schmincke)*
7 Künstler-Acrylfarbe feinst *(Lukas)*
8 Aquarell-Gold *(Lukas)*
9 Radiergummi
10 Mal- und Schreibstock

11 Glas für Schreibflüssigkeiten
12 Petschaft
13 Siegellack, rot
14 Porzellannäpfchen
15 Plaka-Farbe *(Marabu)*
16 Chinesische Stangentusche, schwarz
17 Anreibestein
18 Arkansas-Schleifstein
19 Pinsel
20 Fischbein zum Linieren
21 Pipette
22 Messer
23 Zeichenfeder
24 Bandzugfedern
25 Plakatfedern
26 Spitzfeder
27 Bleistift
28 Leinenlappen zum Reinigen der Federn

Schreibflüssigkeiten

Tinten

Gewöhnliche, leicht fließende Tinte genügt für Entwürfe und zum Vorschreiben. Für die Reinschrift ist sie nicht empfehlenswert.
Eisengallustinte als altbewährter Schreibstoff ist lichtecht und wasserfest. Sie wirkt zunächst grau, wird aber nach dem Trocknen tiefschwarz.

Tuschen

Scribtol oder *Zeichentusche* decken zwar gut, sind aber dickflüssiger als Tinte und verkleben leicht die Federn.

Chinesische Tusche läßt sich besser verarbeiten. Sie ist schreibfertig oder in Form von Stangen erhältlich, die auf einem Stein angerieben und mit destilliertem Wasser versetzt werden. Diese Tusche ist lichtecht, aber nur bedingt radierfest.

Farben

Aquarellfarben lassen sich für unsere Zwecke am besten aus Tuben verarbeiten. Eine kleine Menge wird

in einem Näpfchen mit reinem Wasser angerührt, bis die Farbe gut aus der Feder fließt und trotzdem einwandfrei deckt. Aquarellfarben sind in einer breiten Palette erhältlich, gut miteinander mischbar und lichtecht, aber nicht wasserfest und empfindlich gegen Radieren.
Gouache- oder *Temperafarben* werden wie Aquarellfarben behandelt. Sie ergeben bei kleineren Federstärken kein randscharfes Schriftbild, decken aber auf dunkleren Beschreibstoffen besser.
Plakafarben sind dickflüssig, müssen zum Schreiben stark mit Wasser verdünnt werden und trocknen schnell auf. Sie sind lichtecht und wasserfest, aber nur in reinen, verhältnismäßig wenigen Farbtönen erhältlich.
Acrylfarben werden auf Kunststoffbasis hergestellt; Verarbeitung und Angebot wie bei Plakafarben.

Beschreibstoffe

Papier

Der Handel bietet eine breite Palette an Papiersorten in verschiedener Güte und Ausführungen an, die sich jedoch nicht alle zum Beschreiben für unsere Zwecke eignen. Bei der Auswahl sollten Sie zunächst darauf achten, daß das Papier säurefrei und lichtbeständig ist, um spätere farbliche Veränderungen zu vermeiden. Gute Leimung und eine feste, nicht zu rauhe Oberfläche sind weitere Voraussetzungen.
Die Stärke des Papiers wird nach dem Gewicht in Gramm je Quadratmeter angegeben. Übliches Schreibpapier wiegt 80 bis 90 g/m^2, ab etwa 200 g/m^2 spricht man von Karton.
Beschreibstoffe von hoher Güte sind *Ingrespapiere, Japanpapiere, Bütten* (maschinell hergestellt oder handgeschöpft) sowie *feinkörniger Aquarell-* und *Pastellkarton*, die alle in den unterschiedlichsten Farbtönen und Dicken erhältlich sind.
Knausrigkeit beim Papiereinkauf lohnt sich nicht! Neben den notwendigen Probestreifen für die Verträglichkeitsversuche der Schreibflüssigkeiten ist es immer vorteilhaft, noch genügend Vorrat zu haben, wenn man ein Blatt verdorben hat.

Pergament

Dieser nicht gerade billige, aber äußerst langlebige Beschreibstoff wird aus besonders bearbeiteten Tierhäuten gewonnen. Zum Beschreiben eignen sich die Felle von Ziegen, Kälbern oder Rindern, wobei man eher zurückhaltende Maserungen bevorzugen sollte.
Ganze Häute sind preislich wesentlich günstiger, weil man sie nach der benötigten Größe (am besten gleich beim Erzeuger) auswählen kann und sich nicht nach vorgeschnittenen Formaten richten muß. Vor dem Beschreiben muß das Pergament entfettet werden, indem man es mit einem sauberen Leinenlappen unter Beigabe von reinem Alkohol oder Ochsengalle abwischt. Durch das vorsichtige Abreiben mit Bimsstein oder feinkörnigem Schleifpapier erhält man eine gleichmäßig rauhe Schreiboberfläche, die bei Bedarf wieder mit einer rohen Kartoffel geglättet werden kann.
Bevor Sie aus Kostengründen zu Pergamentnachahmungen wie der sogenannten *Elefantenhaut* greifen, sollten Sie sich besser für eine gute Papiersorte entscheiden.

Papyrus

Aus dem in kreuzweisen Lagen übereinandergelegten Mark aus den Stengeln der Papyruspflanze wird durch Klopfen, Pressen und Trocknen dieser uralte Beschreibstoff hergestellt. Er läßt sich mit der Stahlfeder nur bedingt beschreiben, besser eignen sich dafür Rohr- oder Kielfedern. Papyrus ist im guten Fachhandel in verschiedenen Formaten erhältlich, wird sich aber aufgrund seiner eigenwilligen Struktur nur für bestimmte Urkunden eignen.

1 Popset-Karton, hellblau
2 Ziegenpergament
3 Papyrus
4 Dürer-Ingres, graublau
5 Tosa-Bütten
6 Japicol 2000, erika
7 Lana Bütten, weiß Fin
8 Japicol 2000, antik
9 Japicol 2000, weinrot
10 Japicol 2000, saftgrün
11 Fabriano Tiziano-Bütten, mandel
12 –, rosenquarz meliert
13 –, banane
14 –, rauch
15 –, mint meliert
16 –, aquamarin meliert
17 –, granit meliert

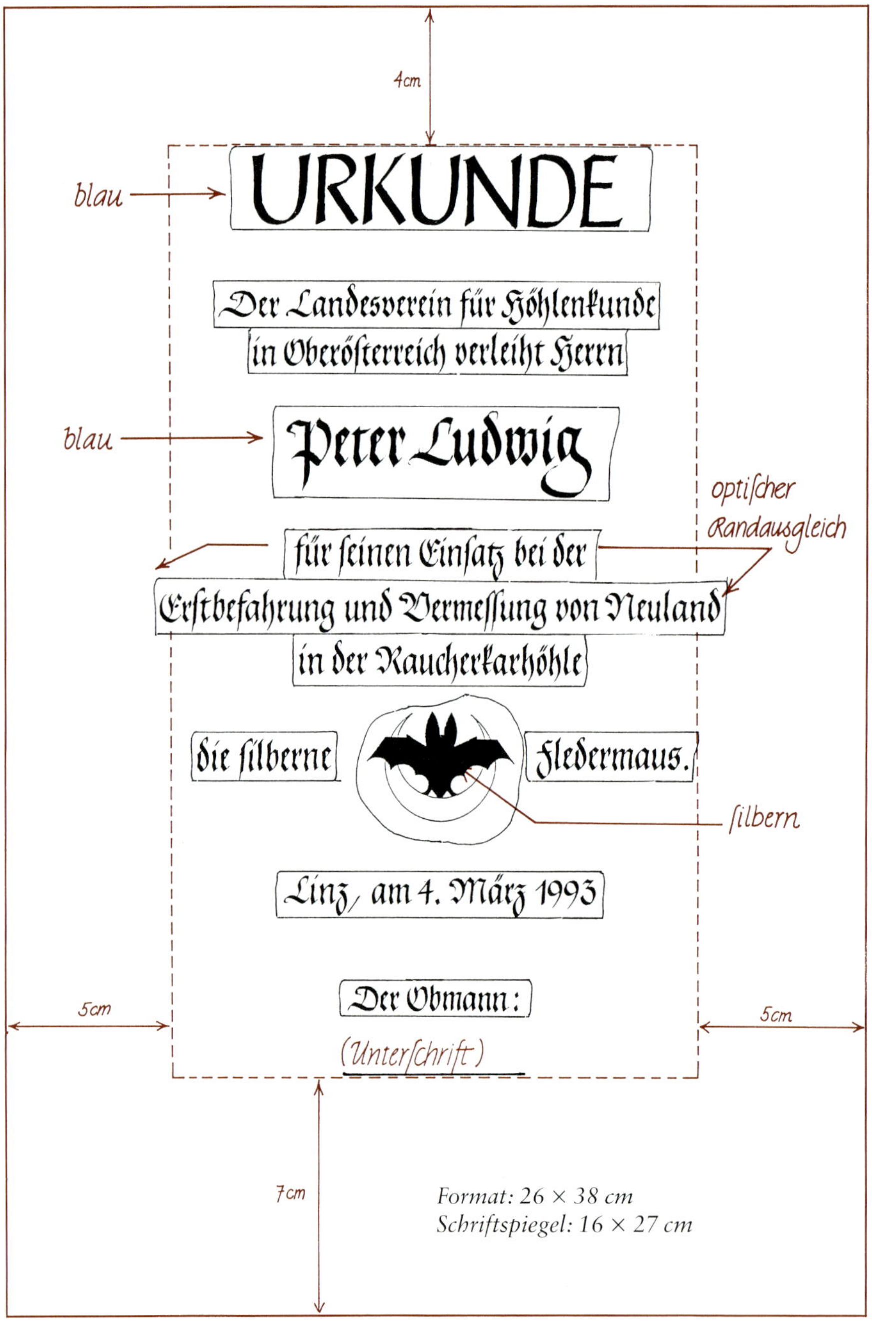

Klebeumbruch (fertige Urkunde Seite 68)

Kalligraphische Arbeit

VORSCHREIBEN UND KLEBEUMBRUCH

Der vorher geplante Schriftspiegel dient mit seiner Breite als Richtschnur, nach der sich der Grad der Schriften ermitteln läßt. Man schreibt zunächst die längsten, sich aus der geplanten Textanordnung ergebenden Zeilen in verschiedenen Größen und Federbreiten und stimmt sie mit der verfügbaren Breite des Schriftspiegels ab. Da man die Zeile(n) selten auf die genaue Breite des Schriftspiegels bringen wird, ist es zielführender, den Schriftspiegel in seiner Gesamtheit den ermittelten Verhältnissen anzupassen. Ausgehend davon werden alle Textteile in den daraus folgernden Größen und geplanten Schriftarten, aber ohne Rücksicht auf Anordnung und Zeilenabstände mit gewöhnlicher Tinte auf Entwurfspapier sauber ausgeführt.
Die einzelnen Zeilen, Wortgruppen und Illustrationen werden jetzt ausgeschnitten und auf einem vorbereiteten Bogen innerhalb des eingezeichneten Schriftspiegels in der bei der Textanordnung geplanten Form angeordnet. Um bei symmetrischer Ausrichtung die genaue Mitte zu finden, halbiert man einfach die ausgeschnittenen Zeilen, indem man sie zusammenfaltet. Die Zeilenabstände sind von der Schriftart abhängig: Die offenen Formen der Antiqua oder die ausgeprägten Ober- und Unterlängen der Humanistischen Kursive benötigen mehr Zwischenraum als Kapitalis, Fraktur oder gar Textur. Die Abstände sind dann ausgewogen, wenn trotz klarer Trennung die Beziehung der Zeilen zueinander erhalten bleibt. Wenn die Urkunde als Vordruck konzi-

piert ist, muß für alle nachträglich einzusetzenden Namen und Daten genügend Raum vorgesehen werden. Durch Verschieben der einzelnen Teile wird die optisch günstigste Raumverteilung ermittelt, wobei sich durchaus herausstellen kann, daß eine andere Zeilenfolge oder geänderte Anordnung der Teile vorteilhafter wirkt. Lassen sich Text und Illustrationen nicht im vorgesehenen Rahmen unterbringen, müssen entweder Teile in ihrer Größe geändert oder der Schriftspiegel den Verhältnissen angepaßt werden. Da es bei diesen Versuchen durchaus vorkommen kann, daß man den gesamten Text mehrmals schreiben muß, mag die genannte Arbeitsweise aufwendig erscheinen. Sie ist aber jeder anderen Planung überlegen, weil sie mit großer Sicherheit zu einem guten Ergebnis führt. Entspricht die getroffene Zusammenstellung den Erwartungen, werden alle Teile paßgenau aufgeklebt. Dieser *Klebeumbruch* muß einwandfrei ausgeführt werden, da seine Maße für die Reinschrift der Urkunde bestimmend sind. Wenn Sie zum Fixieren einen ablösbaren Montagekleber (z. B. Fixogum) nehmen, können Sie die Zeilen als Vorlage für die Reinschrift weiterverwenden, ohne sie wieder ausschneiden zu müssen. In allen Fällen fertigt man sich sicherheitshalber eine Fotokopie des Klebeumbruchs an, um immer eine vollständige Vorlage bei der Hand zu haben.

Reinschrift

Vorerst sollten Sie auf kleinen Probestücken die Verträglichkeit der Schreibflüssigkeiten mit dem Beschreibstoff sowie die Radierfähigkeit feststellen, um spätere Überraschungen zu vermeiden. Das vorgesehene Papier wird nun so

Klebeumbruch, ausgeschnittene Vorlagenzeilen und Reinschrift (fertige Urkunde Seite 68)

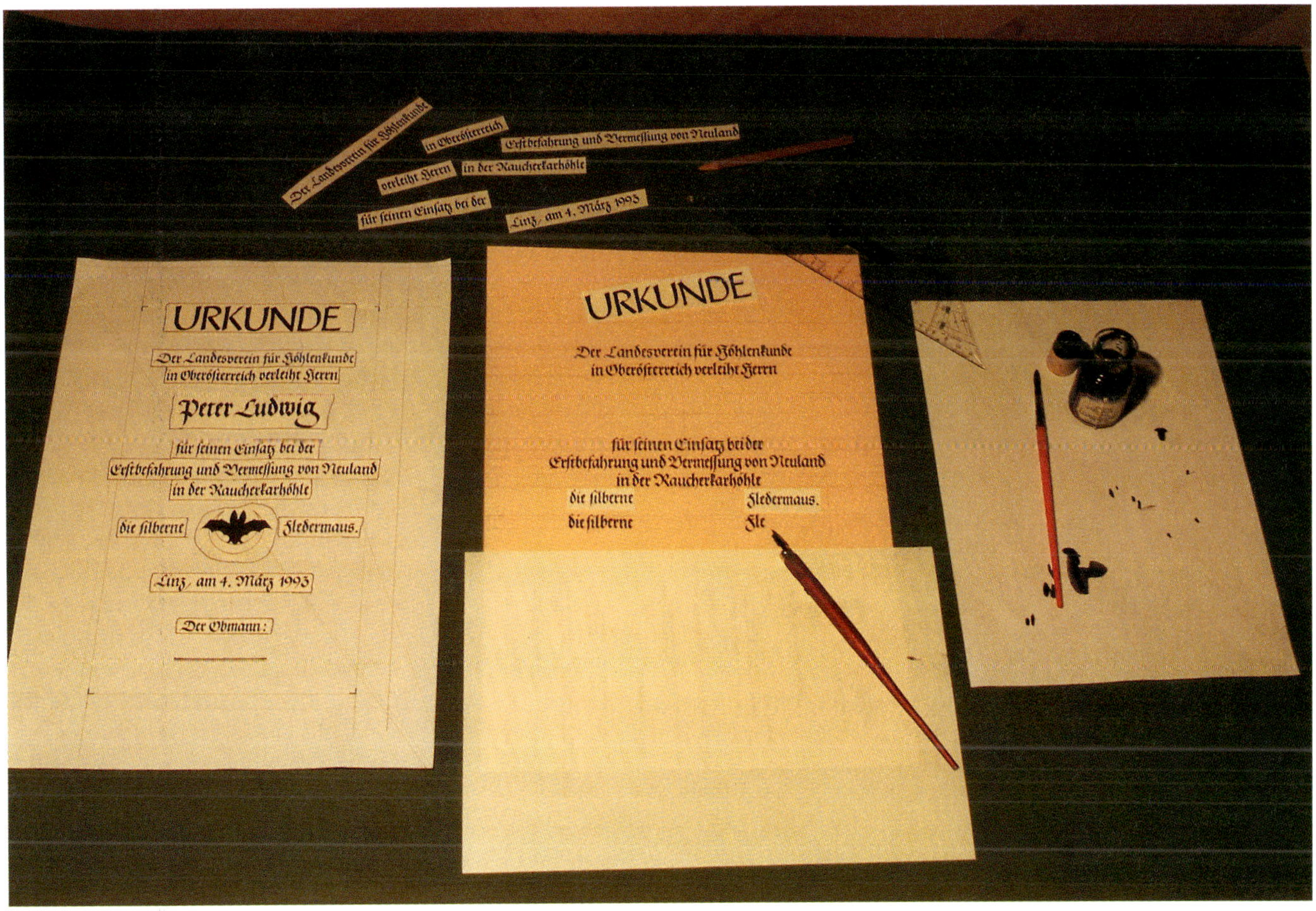

Schriftgröße nach verfügbarer Zeilenbreite festlegen, anschließend Schriftspiegelbreite mit der tatsächlichen Zeilenbreite abstimmen.

Sofern notwendig, dabei optischen Randausgleich berücksichtigen.

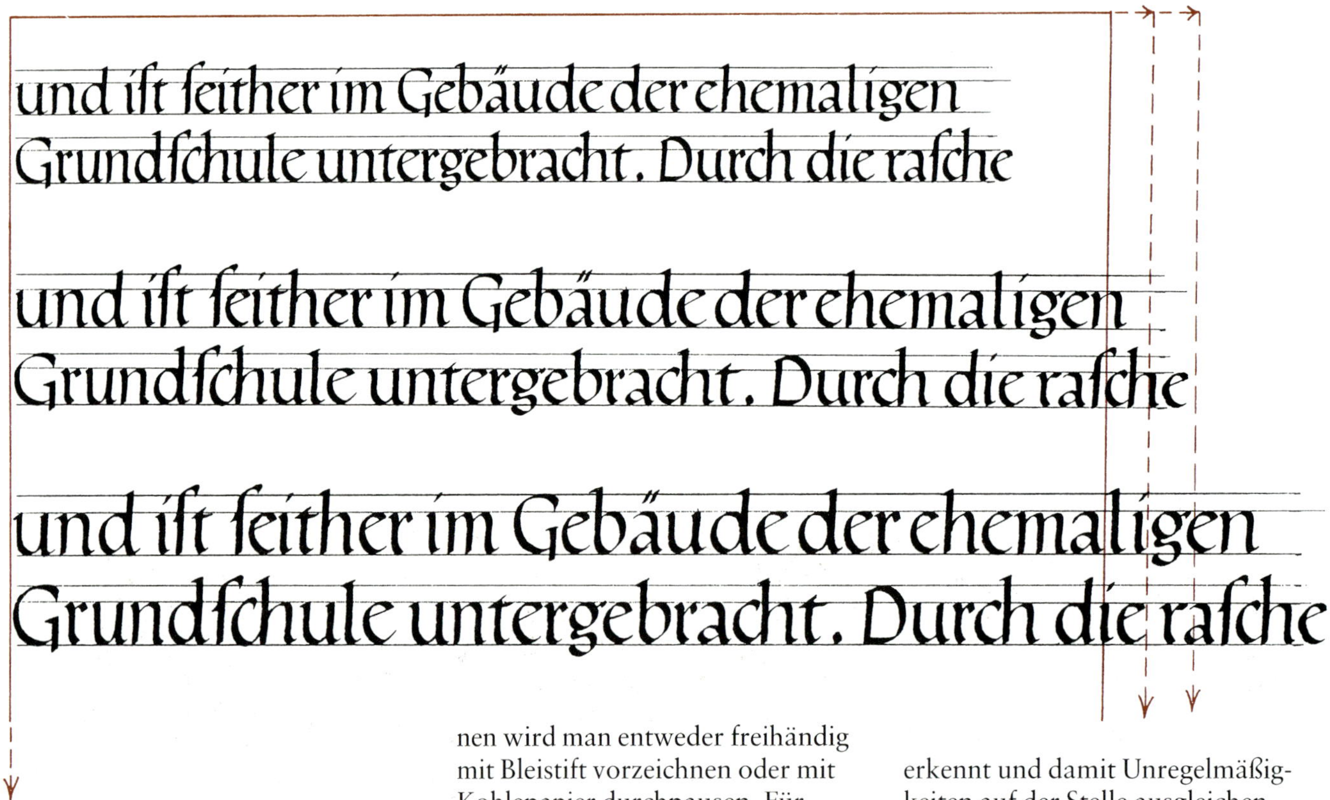

zurechtgeschnitten oder über die Kante des Lineals gerissen, daß um das gewählte Format noch ein ausreichend großer Rand verbleibt. Künstlich unregelmäßige Ränder durch grobes Reißen oder gar Abbrennen herzustellen und damit eine Urkunde auf »Antik« trimmen zu wollen, ist eine leider weit verbreitete Unsitte.

Mit einem weichen Bleistift werden die Umrisse von Format und Schriftspiegel angezeichnet. Die Hilfslinien zum Schreiben kann man auf radierbaren Beschreibstoffen mit einem spitzen Bleistift ziehen, sonst liniert man besser mit einer stumpfen oder leicht gebogenen Nadel. Illustrationen wird man entweder freihändig mit Bleistift vorzeichnen oder mit Kohlepapier durchpausen. Für schwierige Zeichnungen (z. B. Wappen) ist ein Leuchttisch empfehlenswert, um die Umrisse paßgenau durchzeichnen zu können. Behelfsmäßig läßt sich auch mit einer erhöht aufgelegten Glasplatte und einer darunter angebrachten hellen Leuchte arbeiten.

Nach diesen Vorbereitungen kann man mit der eigentlichen Reinschrift beginnen: Über die zu schreibende Zeile wird die betreffende (ausgeschnittene oder abgelöste) Zeile des Entwurfs gelegt. Das hat den Vorteil, daß man den Text immer unmittelbar vor Augen hat, Abweichungen von den ermittelten Maßen im endgültigen Schriftbild sofort erkennt und damit Unregelmäßigkeiten auf der Stelle ausgleichen kann. Zweckmäßigerweise wird man die Urkunde nicht einfach Zeile für Zeile schreiben, sondern immer alle Textteile gleichen Schriftgrades und gleicher Farbe fertigstellen, bevor man die Federbreite oder die Schreibflüssigkeit wechselt. Das erspart nicht nur den umständlichen Wechsel von Schreibgerät und Farbe, sondern ermöglicht auch gleichbleibende Konzentration auf eine Schriftgröße und -art. Sie müssen allerdings immer darauf achten, daß alle Zeilen wirklich trocken sind, bevor Sie mit dem nächsten Arbeitsgang beginnen. Vergoldet wird erst, wenn alles fertig ist. Ein Blatt Papier unter der Schreibhand

sollte beim Kalligraphieren selbstverständlich sein: Es schützt vor unwillkommener Fettabsonderung der Haut.
Wird eine handgeschriebene Urkunde nur als Druckvorlage verwendet, genügt eine Reinschrift in Schwarz auf weißem Karton, die auch in Gestalt eines Klebeumbruchs ausgeführt sein kann.
Das fertige Blatt muß gut getrocknet sein, bevor alle Bleistifthilfslinien mit einem weichen Radiergummi vorsichtig entfernt werden. Die Urkunde kann jetzt auch auf das endgültige Papierformat beschnitten werden, sofern nicht eine spätere buchbinderische Verarbeitung vorgesehen ist.

Ausbessern

Auch bei größter Sorgfalt und Aufmerksamkeit läßt es sich nicht immer vermeiden, daß man Buchstaben und Wörter ausläßt oder fehlerhaft schreibt. Bei längeren Texten lassen sich ein oder zwei Verbesserungen durch sichtbares Einfügen des fehlenden Zeichens oder Wortes in einem kleineren Schriftgrad durchaus verantworten und können bei geschickter Ausführung (z. B. andere Farbe) sogar einen gestalterischen Akzent setzen. Kurze Arbeiten schreibt man am besten völlig neu. Wenn das Entfernen von Buchstaben oder Klecksen unumgänglich ist, schabt man die betreffende Stelle mit einer scharfen Klinge vorsichtig ab, schleift sie mit einem Reststückchen des verwendeten Papiers leicht nach und glättet sie mit einem Fingernagel. Sofort entdeckte Fehler lassen sich mit etwas Übung auch ausbessern, indem man die betreffenden Buchstaben überschreibt, trocknen läßt und dann nur die noch sichtbaren Reste wegschabt.

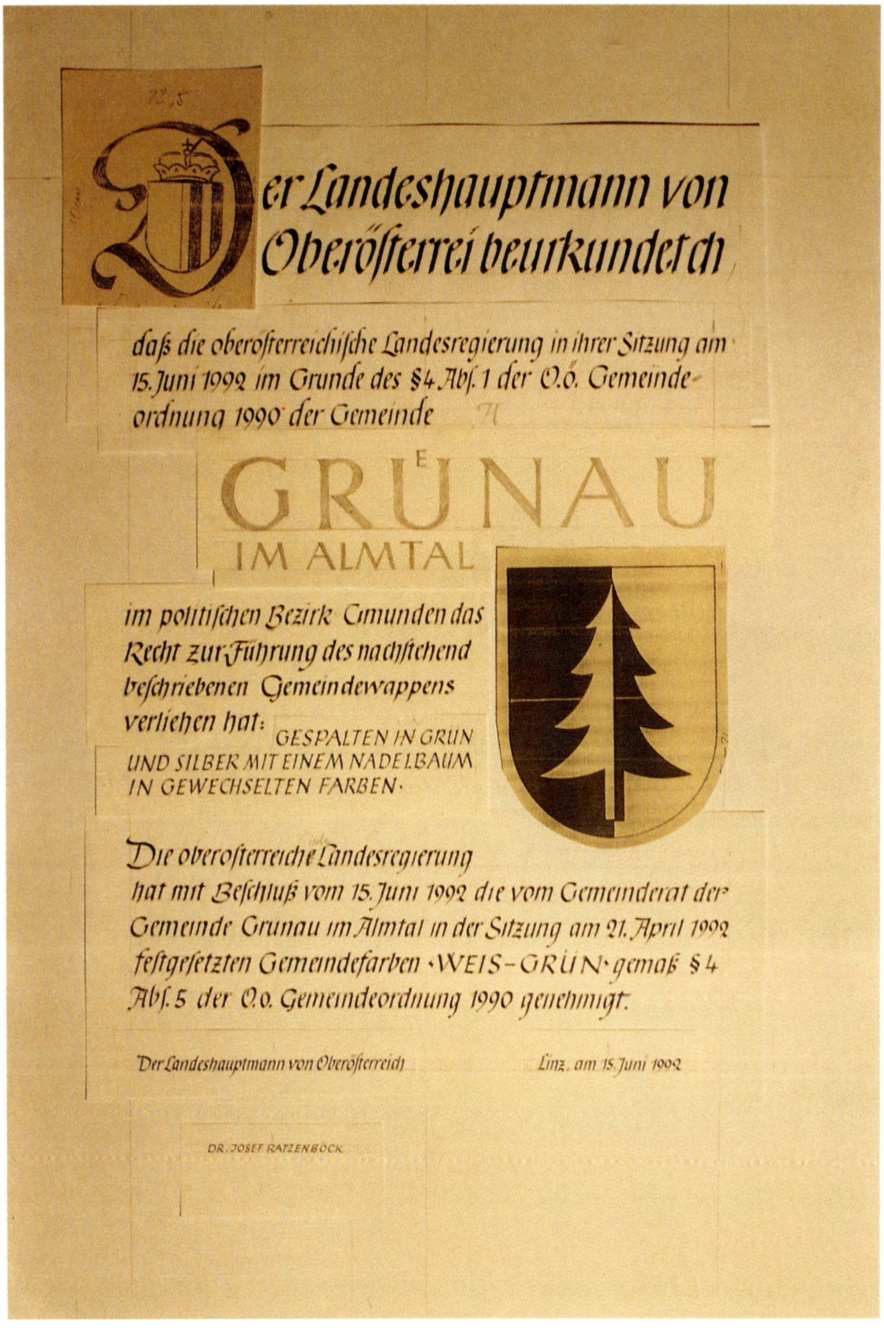
Der Landeshauptmann von Oberösterrei beurkundet ch

daß die oberösterreichische Landesregierung in ihrer Sitzung am 15. Juni 1992 im Grunde des §4 Abs. 1 der O.ö. Gemeindeordnung 1990 der Gemeinde

GRÜNAU
IM ALMTAL

im politischen Bezirk Gmunden das Recht zur Führung des nachstehend beschriebenen Gemeindewappens verliehen hat: GESPALTEN IN GRÜN UND SILBER MIT EINEM NADELBAUM IN GEWECHSELTEN FARBEN.

Die oberösterreiche Landesregierung hat mit Beschluß vom 15. Juni 1992 die vom Gemeinderat der Gemeinde Grunau im Almtal in der Sitzung am 21. April 1992 festgesetzten Gemeindefarben ·WEIS-GRÜN· gemäß §4 Abs. 5 der O.ö. Gemeindeordnung 1990 genehmigt.

Der Landeshauptmann von Oberösterreich — Linz, am 15. Juni 1992

DR. JOSEF RATZENBÖCK

Klebeumbruch (fertige Urkunde Seite 62)

fehlende Buchstaen[b] und Wörter
lassen [sich] nachträglich einfügen

Der Landeshauptmann von Oberösterreich beurkundet,

daß die oberösterreichische Landesregierung in ihrer Sitzung am 15. Juni 1992 im Grunde des § 4 Abs. 1 der O.ö. Gemeinde-ordnung 1990 der Gemeinde

GRÜNAU
IM ALMTAL

im politischen Bezirk Gmunden das Recht zur Führung des nachstehend beschriebenen Gemeindewappens verliehen hat:

GESPALTEN VON GRÜN UND SILBER MIT EINEM NADELBAUM IN GEWECHSELTEN FARBEN.

Die oberösterreichische Landesregierung hat mit Beschluß vom 15. Juni 1992 die vom Gemeinderat der Gemeinde Grünau im Almtal in der Sitzung am 21. April 1992 festgesetzten Gemeindefarben ‹WEISS – GRÜN› gemäß § 4 Abs. 5 der O.ö. Gemeindeordnung 1990 genehmigt.

Der Landeshauptmann von Oberösterreich — Linz, am 15. Juni 1992

DR. JOSEF RATZENBÖCK

Alle Korrekturen durch Abschaben sind nur bedingt zu empfehlen, da die Beschädigung des Beschreibstoffes kaum unsichtbar auszuführen ist. Im Zweifelsfalle ist es besser (wenngleich auch aufwendiger), die gesamte Urkunde nochmals zu schreiben.

Unterschriften

Achten Sie als Kalligraph – soweit es Ihnen möglich ist – darauf, daß die Unterschriften wirklich in die dafür vorgesehenen Flächen gesetzt werden und scheuen Sie sich nicht, auch Proben zu verlangen. Wichtig sind auch geeignete Schreibwerkzeuge: Filzstifte bleichen nicht nur bald aus, sondern wirken ebenso wie Kugelschreiber auf edlen Beschreibstoffen wie die Faust aufs Auge! Ein Füllhalter mit dokumentenechter Tinte wird niemandem bei seiner Unterschrift Schwierigkeiten bereiten.

Linke Seite:
Leopold Feichtinger: Verleihung eines Gemeindewappens

Vergolden

Echtes Gold kann in zwei Verfahren verarbeitet werden: *Muschelgold* ist mit einem Bindemittel versetzter Goldstaub, der mit Wasser zu einem zähflüssigen Brei gelöst und mit der Feder oder einem feinen Pinsel aufgetragen wird. Nach dem Auftrocknen werden die vergoldeten Stellen mit einem Polierstab (Achat) auf Hochglanz gebracht.
Bei der *Relief-* oder *Polimentvergoldung* werden Buchstaben und Flächen durch mehrmaliges Auftragen einer Paste erhaben aufgebaut. Anschließend wird auf diese Stellen *Blattgold* vorsichtig angedrückt und poliert. Diese Technik verlangt viel Fingerspitzengefühl und Erfahrung, die man sich am besten bei einem einschlägigen Lehrgang aneignet.
Goldersatz gibt es in Form von *Aquarellfarbe*, flüssigen *metallischen Lacken (Goldbronze)*, als *Faserschreiber* oder *Goldfolien* zum Anreiben, die sich alle auch für den Anfänger problemlos verarbeiten lassen. Bei allen metallhaltigen Zusammensetzungen besteht jedoch die Gefahr, daß sie sich nach längerer Zeit durch Oxydation schwarzbraun färben können.

Siegel

Eine historische Form der Beglaubigung ist das Siegeln von Dokumenten. Dazu muß allerdings ein passendes Petschaft (ein Siegelstock) vorhanden sein. Man kann den Abdruck sowohl unmittelbar auf das Schriftblatt prägen als auch mit Pergamentstreifen oder Schnüren in einer schützenden Kapsel aus Holz an die Urkunde hängen. Siegellack wird in einem Metall- oder Tongefäß über einer Flamme so erwärmt, daß er dickflüssig wird, ohne aber dabei zu tropfen oder gar zu brennen. Das Einreiben des Petschafts mit Glyzerin verhindert, daß Lackteile haften bleiben und damit das Siegel beschädigt wird. Den notwendigen Erwärmungsgrad sowie die erforderliche Lackmenge ermittelt man am besten durch einige Probeabdrucke.
Der gängige Siegellack ist zinnoberrot und in Form von kleinen Barren überall erhältlich. Der Fachhandel bietet für besondere Zwecke auch andere Farben (grün, blau, schwarz) an, die bei passender Verwendung durchaus effektvoll wirken können.

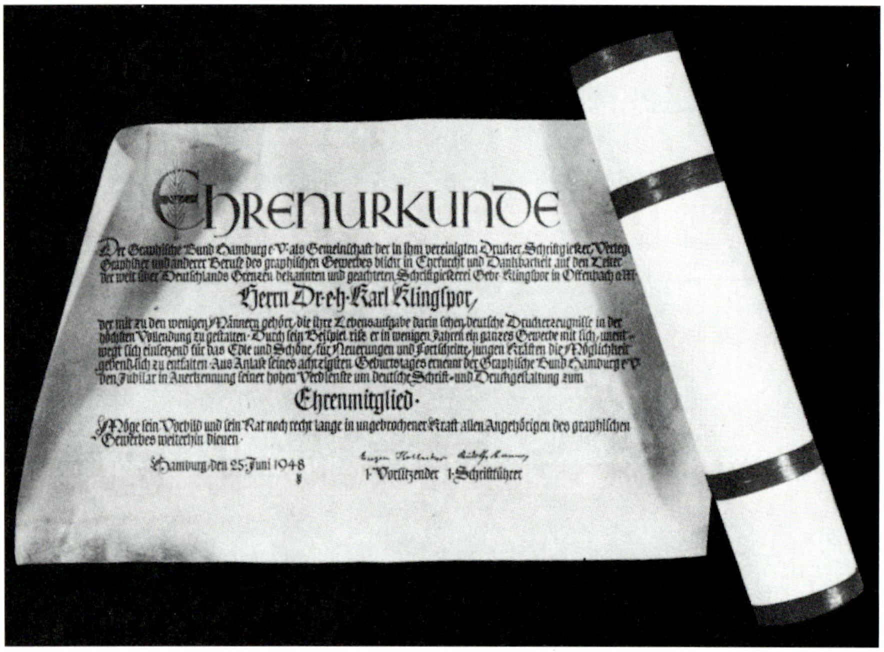

Hans Kühne: Verleihungsurkunde mit Rolle

Äußere Aufmachung

Eine handgeschriebene Urkunde sollte nicht einfach als loses Blatt überreicht, sondern in einer passenden Umhüllung für die weitere Zukunft geschützt werden. Format, Bedeutung und vorgesehener Aufbewahrungsart des Schriftstücks werden für die Wahl und den Aufwand der äußeren Aufmachung maßgebend sein.

Rahmen

Eine Rahmung hinter Glas ist verhältnismäßig preiswert und angebracht, wenn eine Einblatturkunde zur Schau gestellt (aufgehängt) werden soll. Ein Passepartout (Umfassung aus Karton oder Papier) in anderer Farbe läßt das Schriftblatt besser zur Geltung kommen. Der Rahmen selbst muß daher immer etwas größer als das eigentliche Urkundenformat sein. Es empfiehlt sich, eine möglichst schlichte Ausführung zu wählen. Rahmen gibt es in vorgefertigten Formaten, die aber nur bedingt passen. Aufwendigere Arbeiten wird man daher besser vom Fachmann rahmen lassen.

Rollen

Bei Einblatturkunden, die unter Verschluß gehalten werden sollen, bietet sich die gerollte Form als Aufbewahrungsart an. Rollen (auch Köcher genannt) können aus Pappe, Holz oder Metall mit verschiedenen Deckelverschlüssen gearbeitet sein und haben den Vorteil, daß auch mehrere Blätter verschiedener Formate darin untergebracht werden können. Pergament läßt sich gut rollen; dikkere Büttenpapiere knicken leicht und sind daher mit Vorsicht zu genießen.

Mappen

Für doppelseitige oder aus mehreren Blättern bestehende Urkunden wird man zweckmäßigerweise als Umhüllung eine Mappe wählen, die aus Karton gefertigt ist und mit Papier, Tierhaut oder Stoff überzogen sein kann. Bei einfachen Ausführungen genügt es, das gefaltete Doppelblatt mit einer Kordel zu befestigen. Aufwendiger sind feste Buchmappen, bei denen die Urkunde auf den Innenseiten dauerhaft eingearbeitet wird.

Kassetten

Wertvolle Einzelstücke wird man in einer verschließbaren Kassette aus dauerhaftem Material (Holz, Metall) aufbewahren. Die Urkunde kann dabei nur lose (auch in Mappenform) eingelegt oder fest mit einer Kassette verbunden werden.

Die Herstellung von Rollen, Mappen und Kassetten erfordert ein gediegenes handwerkliches Können.
Wer nicht über die nötige Erfahrung verfügt, sollte die Verarbeitung besser einem buchbinderischen Fachbetrieb überlassen. Achten Sie bei der Wahl der Materialien darauf, daß diese zur Gesamtaufmachung der Urkunde passen.

3 Kalligraphische Musterurkunden

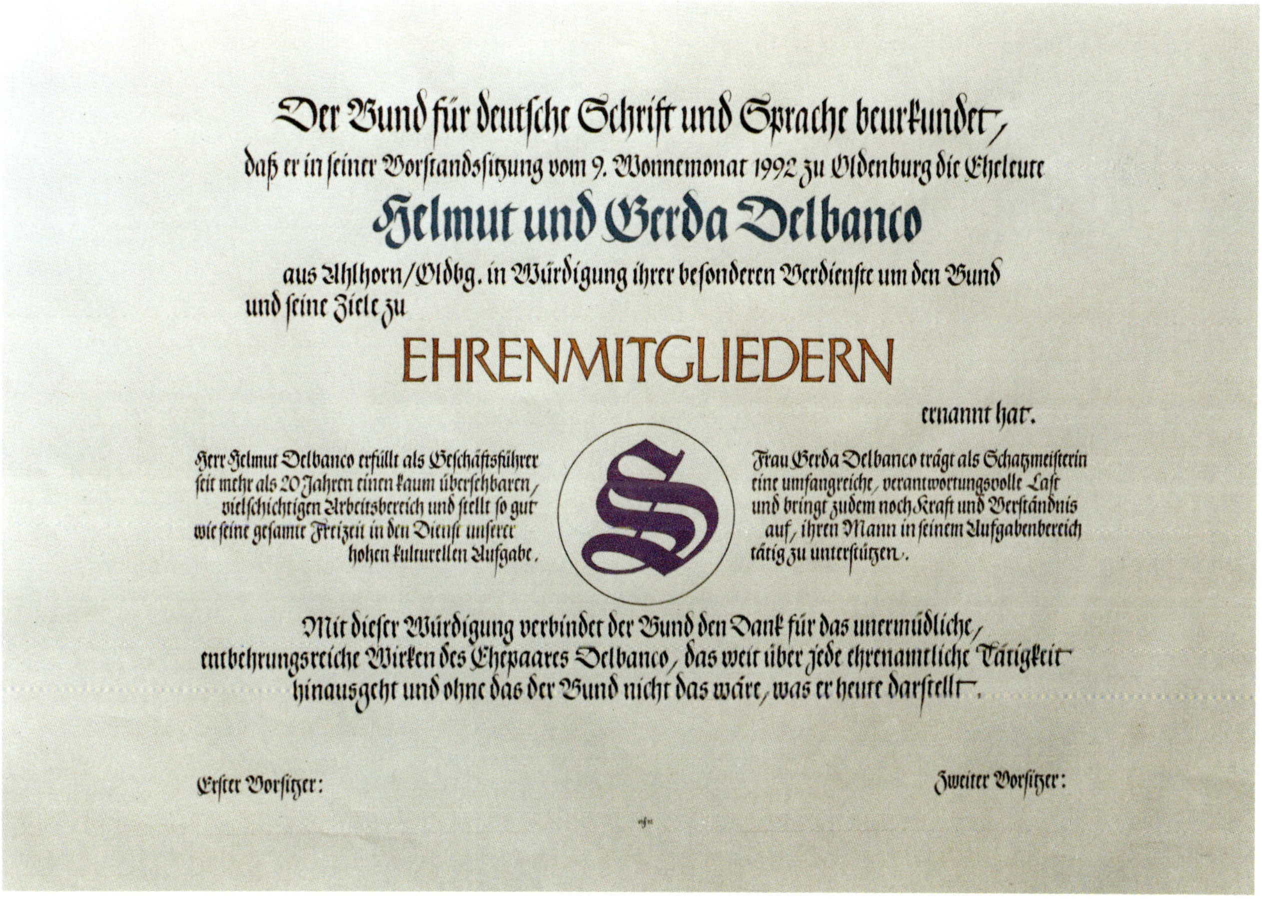

Der Bund für deutsche Schrift und Sprache beurkundet,
daß er in seiner Vorstandssitzung vom 9. Wonnemonat 1992 zu Oldenburg die Eheleute

Helmut und Gerda Delbanco

aus Ahlhorn/Oldbg. in Würdigung ihrer besonderen Verdienste um den Bund
und seine Ziele zu

EHRENMITGLIEDERN

ernannt hat.

Herr Helmut Delbanco erfüllt als Geschäftsführer
seit mehr als 20 Jahren einen kaum überschbaren,
vielschichtigen Arbeitsbereich und stellt so gut
wie seine gesamte Freizeit in den Dienst unserer
hohen kulturellen Aufgabe.

S

Frau Gerda Delbanco trägt als Schatzmeisterin
eine umfangreiche, verantwortungsvolle Last
und bringt zudem noch Kraft und Verständnis
auf, ihren Mann in seinem Aufgabenbereich
tätig zu unterstützen.

Mit dieser Würdigung verbindet der Bund den Dank für das unermüdliche,
entbehrungsreiche Wirken des Ehepaares Delbanco, das weit über jede ehrenamtliche Tätigkeit
hinausgeht und ohne das der Bund nicht das wäre, was er heute darstellt.

Erster Vorsitzer:

Zweiter Vorsitzer:

Harald Süß:
Ehrenmitgliedschaft

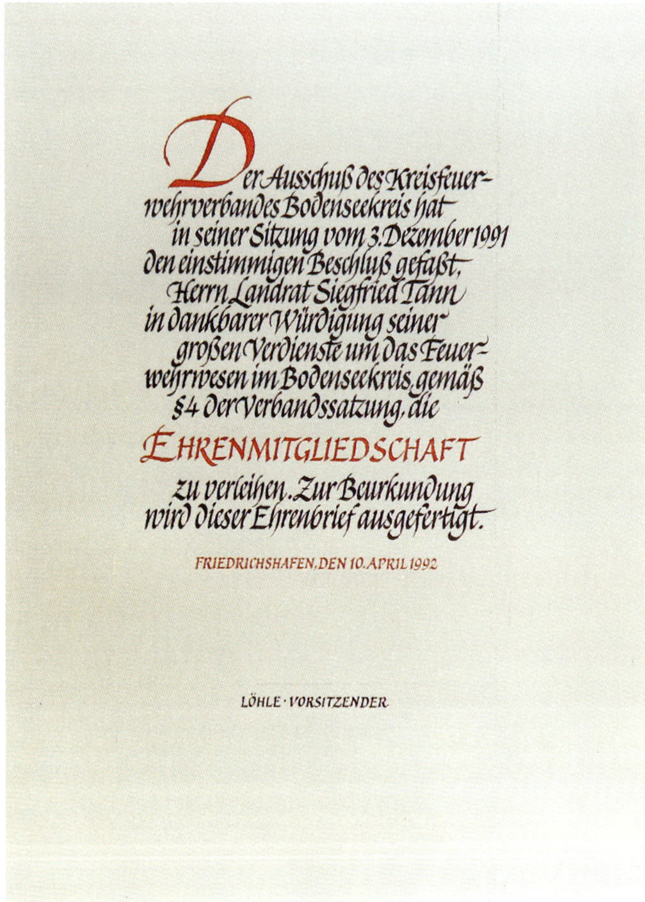

Ernst Schumacher:
Ehrenmitgliedschaft,
als Faltblatt ausgeführt

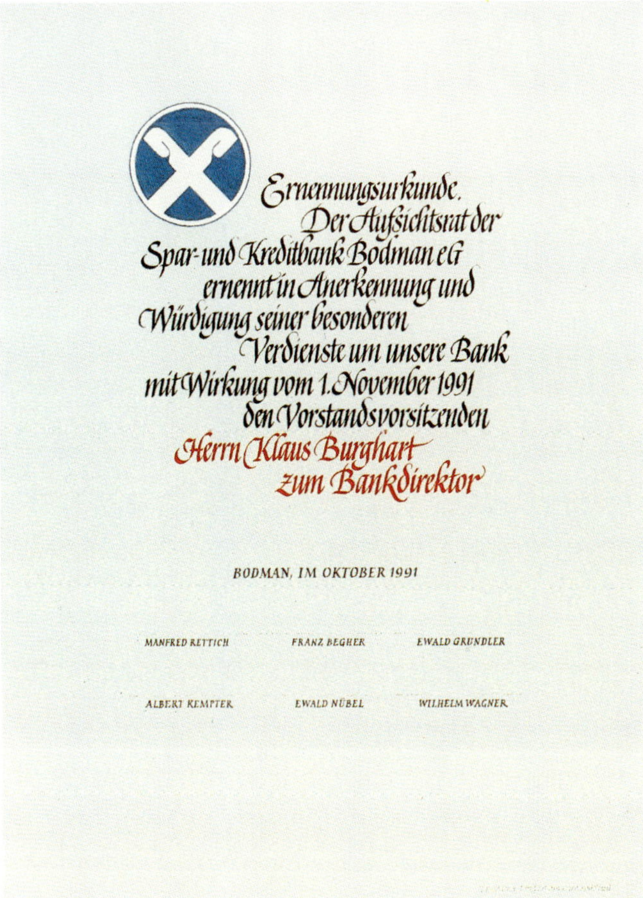

Ernst Schumacher:
Ernennung zum Bankdirektor

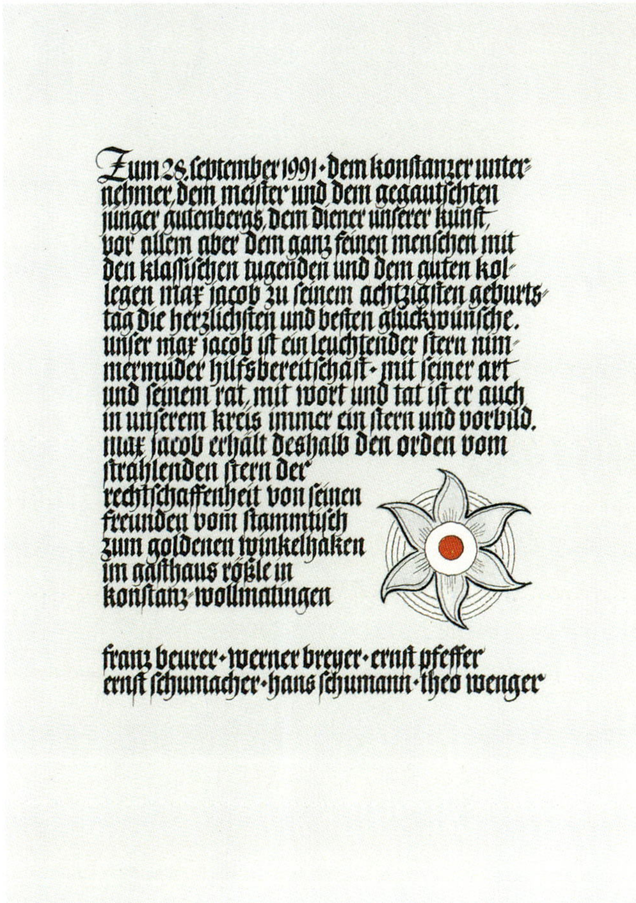

Ernst Schumacher:
Ordensverleihung

URKUNDE

Der Landesverein für Höhlenkunde
in Oberösterreich verleiht Herrn

Peter Ludwig

für seinen Einsatz bei der
Erstbefahrung und Vermessung von Neuland
in der Raucherkarhöhle

die silberne 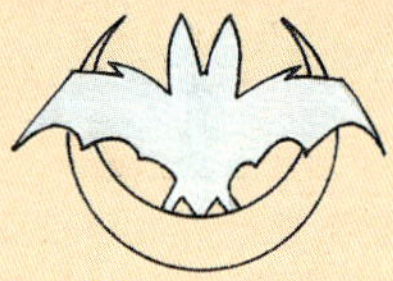 Fledermaus.

Linz, am 4. März 1993

Der Obmann:

EHREN
URKUNDE
HERRN
RUPERT KREMPKE
GLASER
EFERDING
WIRD DIESE URKUNDE
ANLAESSLICH SEINES
JAEH- 25 RIGEN
MEISTERJUBILAEUMS
VERLIEHEN · LINZ, 1972

DER PRÄSIDENT:

DIE KAMMER DER GEWERBLICHEN WIRTSCHAFT

DER KAMMERAMTS-
DIREKTOR:

Prof. Friedrich Neugebauer: Meisterjubiläum

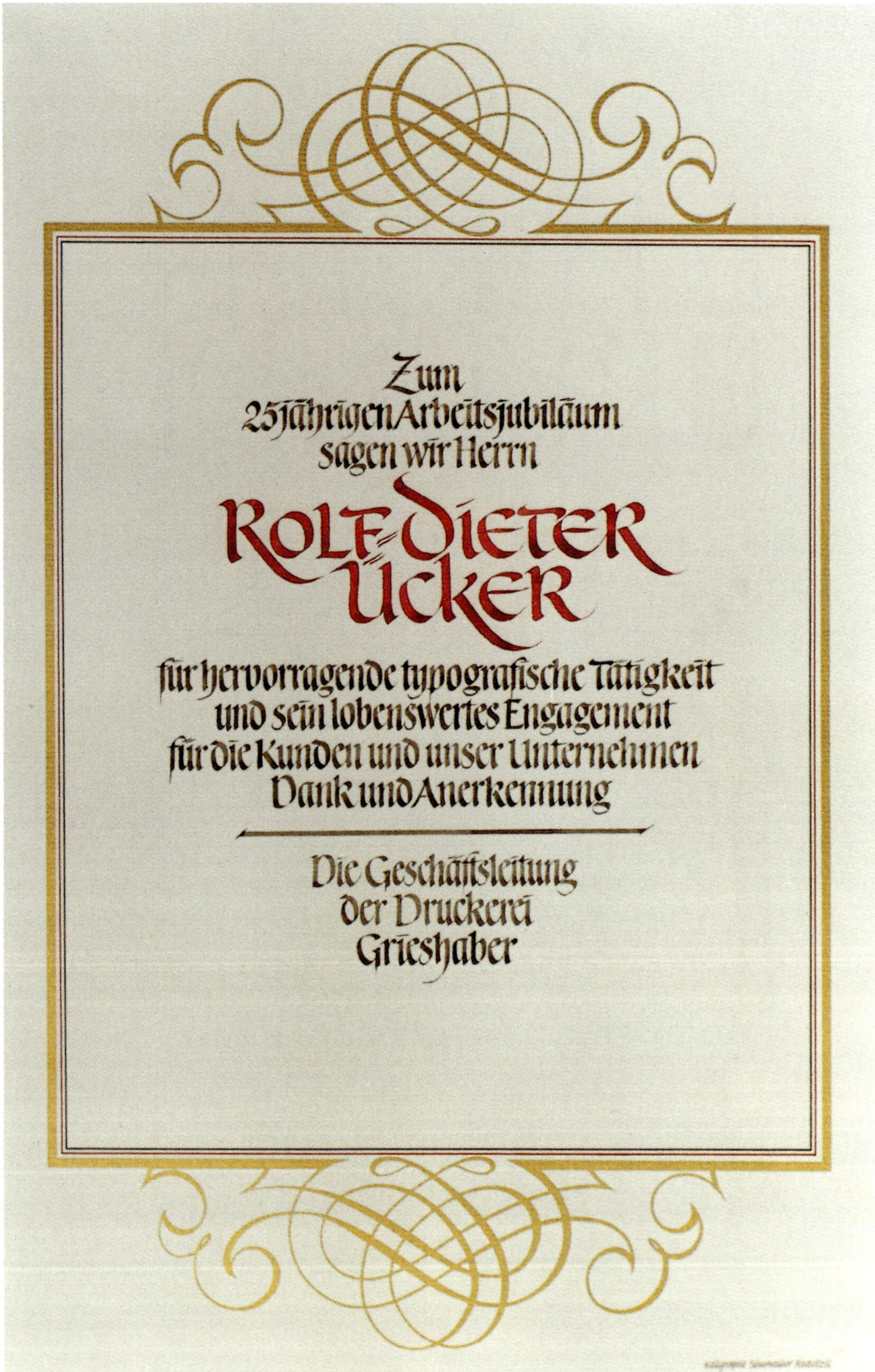

Ernst Schumacher:
Arbeitsjubiläum

Rechte Seite:
Ernst Schumacher:
Ernennung

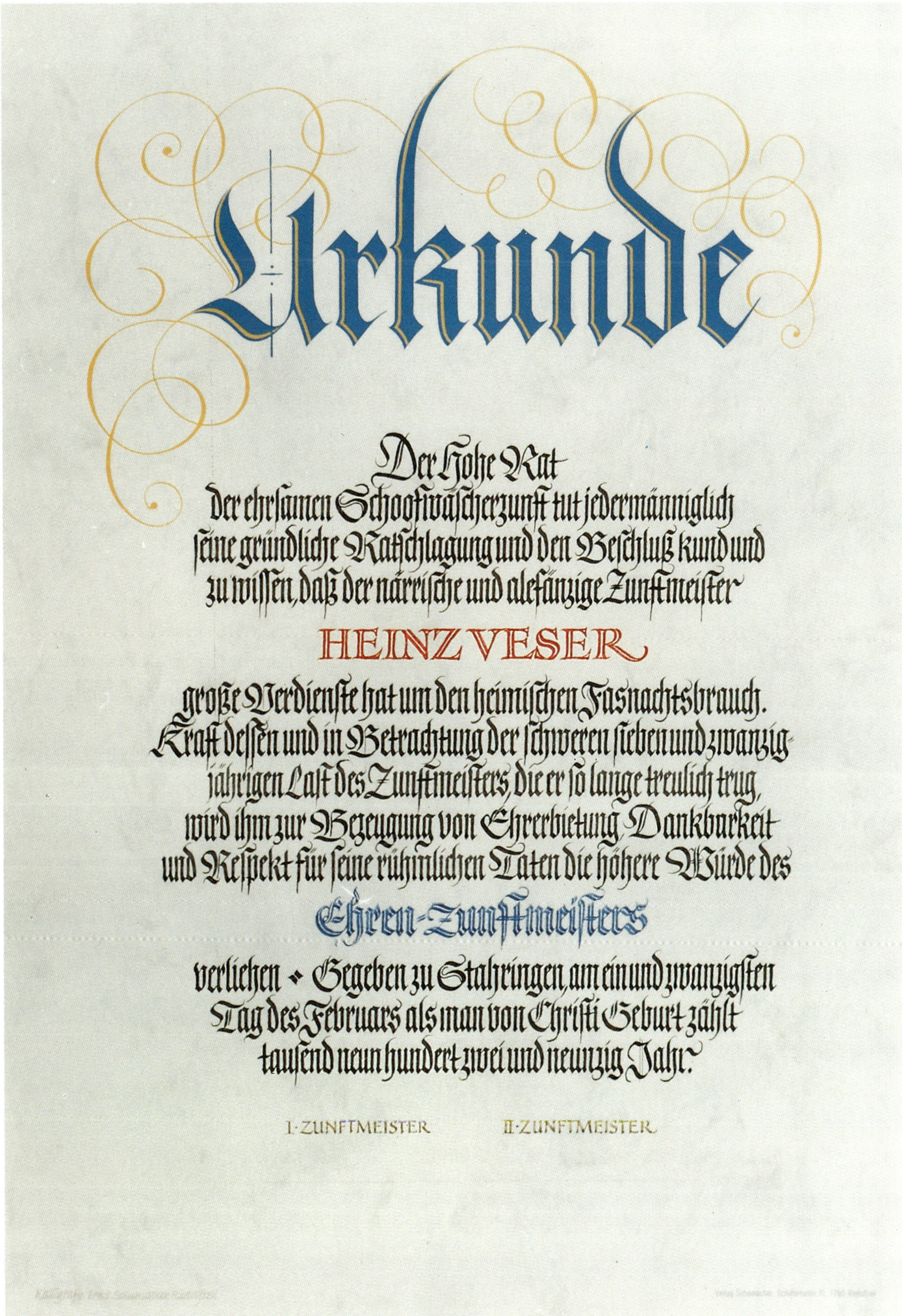

Urkunde

Der Hohe Rat
der ehrsamen Schoofwäscherzunft tut jedermänniglich
seine gründliche Ratschlagung und den Beschluß kund und
zu wissen, daß der närrische und alefänzige Zunftmeister

HEINZ VESER

große Verdienste hat um den heimischen Fasnachtsbrauch.
Kraft dessen und in Betrachtung der schweren sieben und zwanzig-
jährigen Last des Zunftmeisters, die er so lange treulich trug,
wird ihm zur Bezeugung von Ehrerbietung, Dankbarkeit
und Respekt für seine rühmlichen Taten die höhere Würde des

Ehren-Zunftmeisters

verliehen ◆ Gegeben zu Stahringen, am ein und zwanzigsten
Tag des Februars als man von Christi Geburt zählt
tausend neun hundert zwei und neunzig Jahr.

I. ZUNFTMEISTER II. ZUNFTMEISTER

Prof. Friedrich Neugebauer:
Ausstellungsmedaille

unten:
Harald Süß:
Ehrenmitgliedschaft

Rechte Seite:
Ernst Schumacher:
Ehrentafel

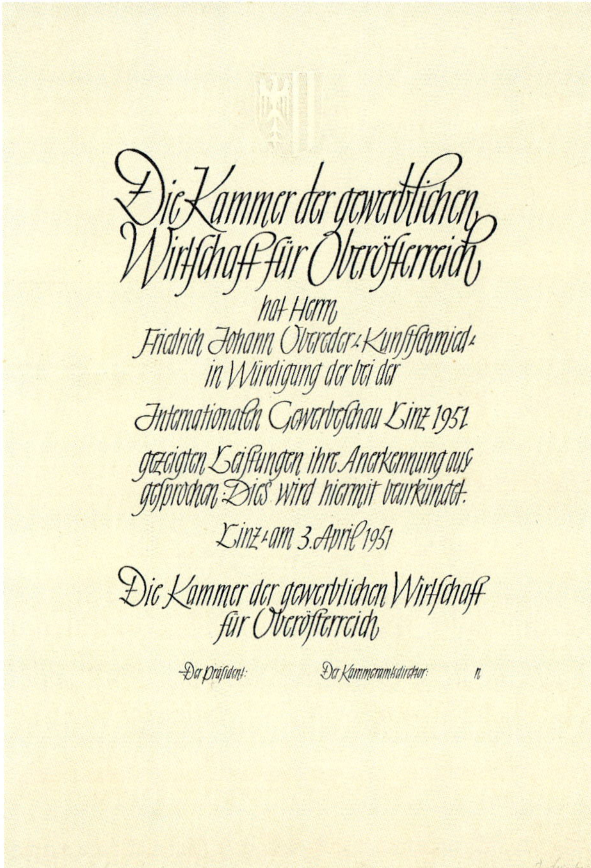

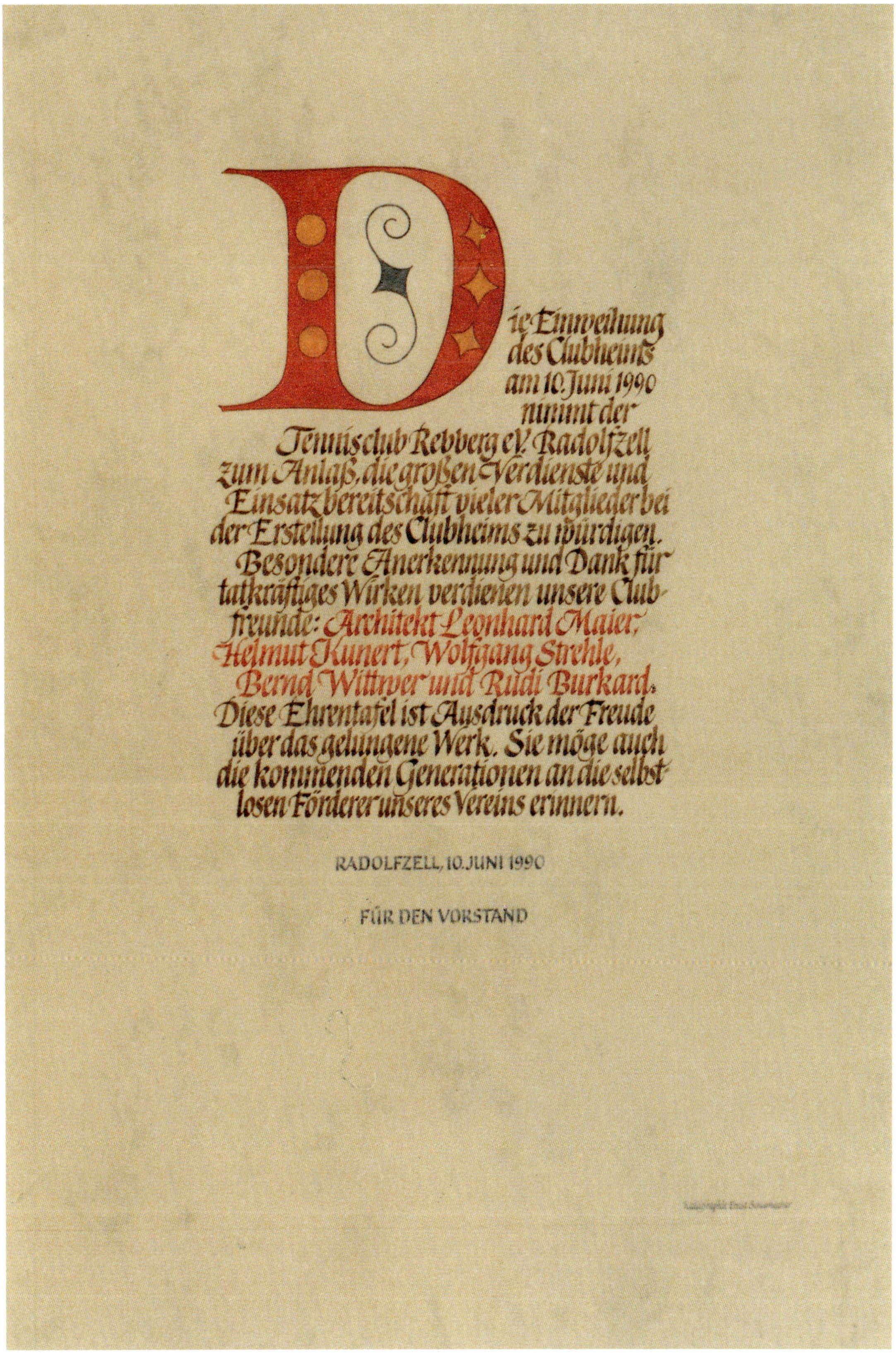

Die Einweihung
des Clubheims
am 10. Juni 1990
nimmt der
Tennisclub Rebberg e.V. Radolfzell
zum Anlaß, die großen Verdienste und
Einsatzbereitschaft vieler Mitglieder bei
der Erstellung des Clubheims zu würdigen.
Besondere Anerkennung und Dank für
tatkräftiges Wirken verdienen unsere Club-
freunde: Architekt Leonhard Maier,
Helmut Kunert, Wolfgang Strehle,
Bernd Wittwer und Rudi Burkard.
Diese Ehrentafel ist Ausdruck der Freude
über das gelungene Werk. Sie möge auch
die kommenden Generationen an die selbst-
losen Förderer unseres Vereins erinnern.

RADOLFZELL, 10. JUNI 1990

FÜR DEN VORSTAND

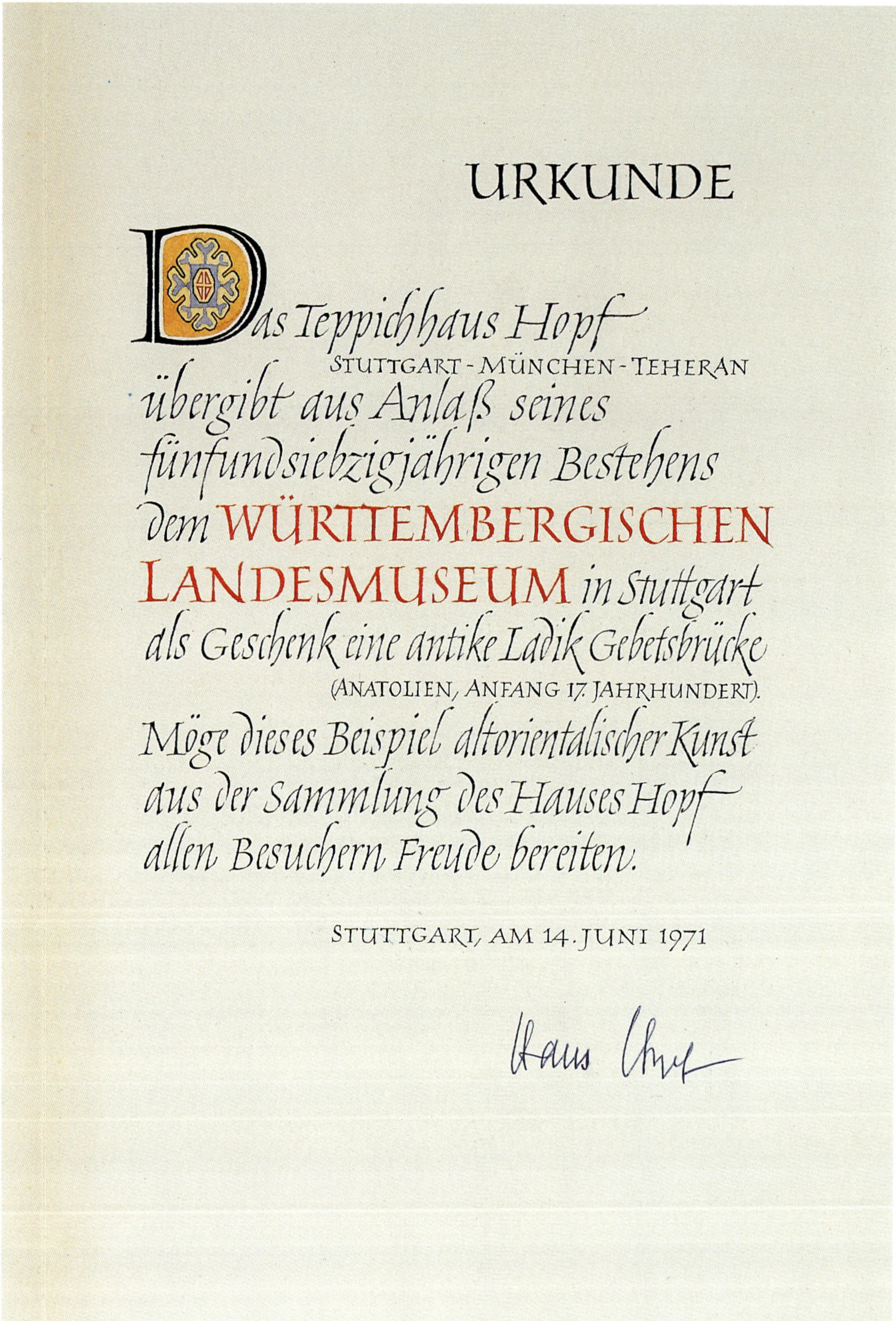

URKUNDE

Das Teppichhaus Hopf
STUTTGART - MÜNCHEN - TEHERAN
übergibt aus Anlaß seines
fünfundsiebzigjährigen Bestehens
dem WÜRTTEMBERGISCHEN
LANDESMUSEUM in Stuttgart
als Geschenk eine antike Ladik Gebetsbrücke
(ANATOLIEN, ANFANG 17. JAHRHUNDERT).
Möge dieses Beispiel altorientalischer Kunst
aus der Sammlung des Hauses Hopf
allen Besuchern Freude bereiten.

STUTTGART, AM 14. JUNI 1971

Hans Hopf

Prof. Walter Stähle:
Schenkung

Rechte Seite:
Prof. Walter Stähle:
Goldener Ehrenring

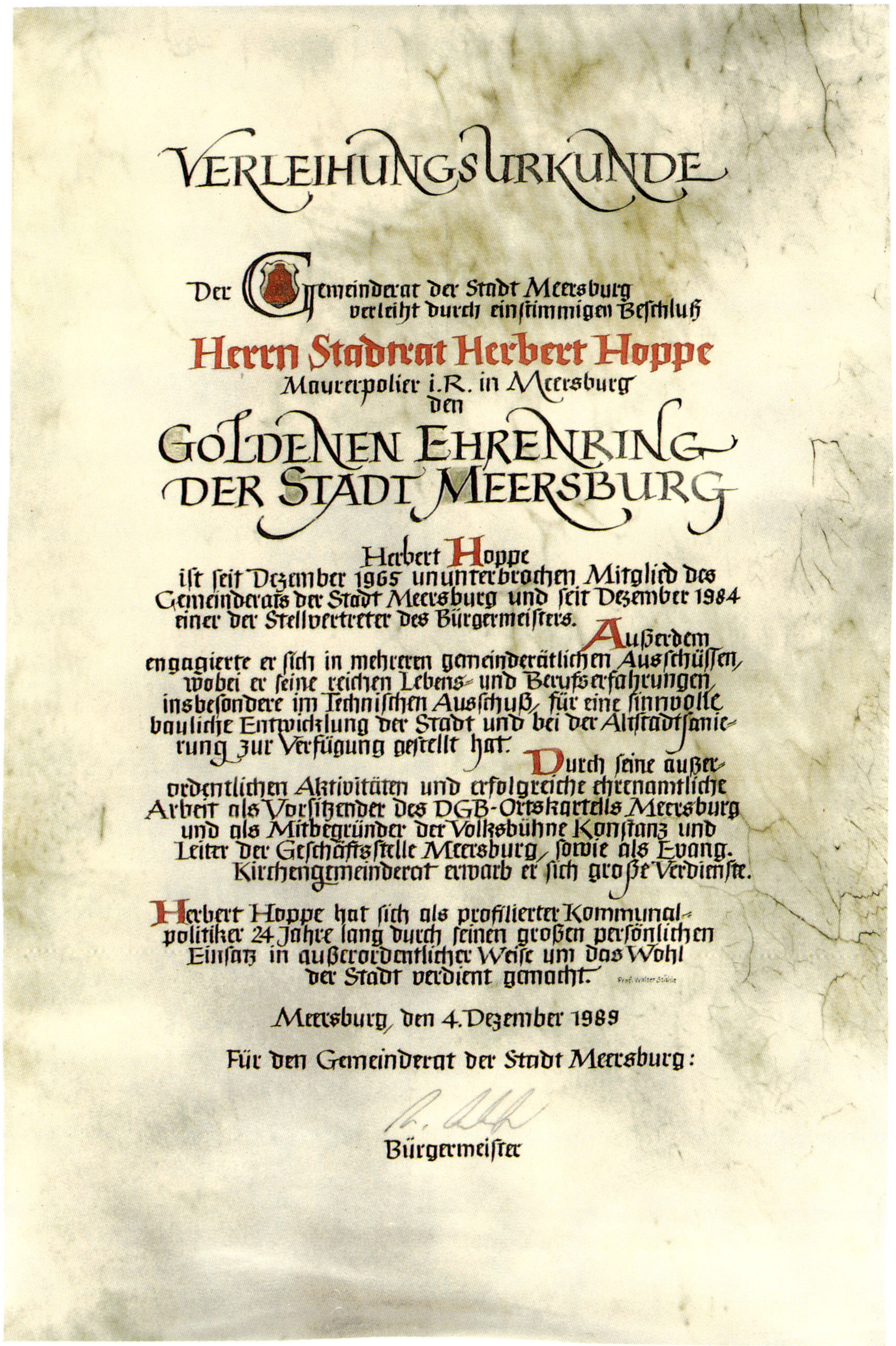
VERLEIHUNGSURKUNDE

Der Gemeinderat der Stadt Meersburg
verleiht durch einstimmigen Beschluß

Herrn Stadtrat Herbert Hoppe
Maurerpolier i.R. in Meersburg
den

GOLDENEN EHRENRING
DER STADT MEERSBURG

Herbert Hoppe
ist seit Dezember 1965 ununterbrochen Mitglied des
Gemeinderats der Stadt Meersburg und seit Dezember 1984
einer der Stellvertreter des Bürgermeisters.
Außerdem
engagierte er sich in mehreren gemeinderätlichen Ausschüssen,
wobei er seine reichen Lebens- und Berufserfahrungen,
insbesondere im Technischen Ausschuß, für eine sinnvolle
bauliche Entwicklung der Stadt und bei der Altstadtsanie-
rung zur Verfügung gestellt hat.
Durch seine außer-
ordentlichen Aktivitäten und erfolgreiche ehrenamtliche
Arbeit als Vorsitzender des DGB-Ortskartells Meersburg
und als Mitbegründer der Volksbühne Konstanz und
Leiter der Geschäftsstelle Meersburg, sowie als Evang.
Kirchengemeinderat erwarb er sich große Verdienste.

Herbert Hoppe hat sich als profilierter Kommunal-
politiker 24 Jahre lang durch seinen großen persönlichen
Einsatz in außerordentlicher Weise um das Wohl
der Stadt verdient gemacht.
Prof. Walter Stähle

Meersburg, den 4. Dezember 1989

Für den Gemeinderat der Stadt Meersburg:

Bürgermeister

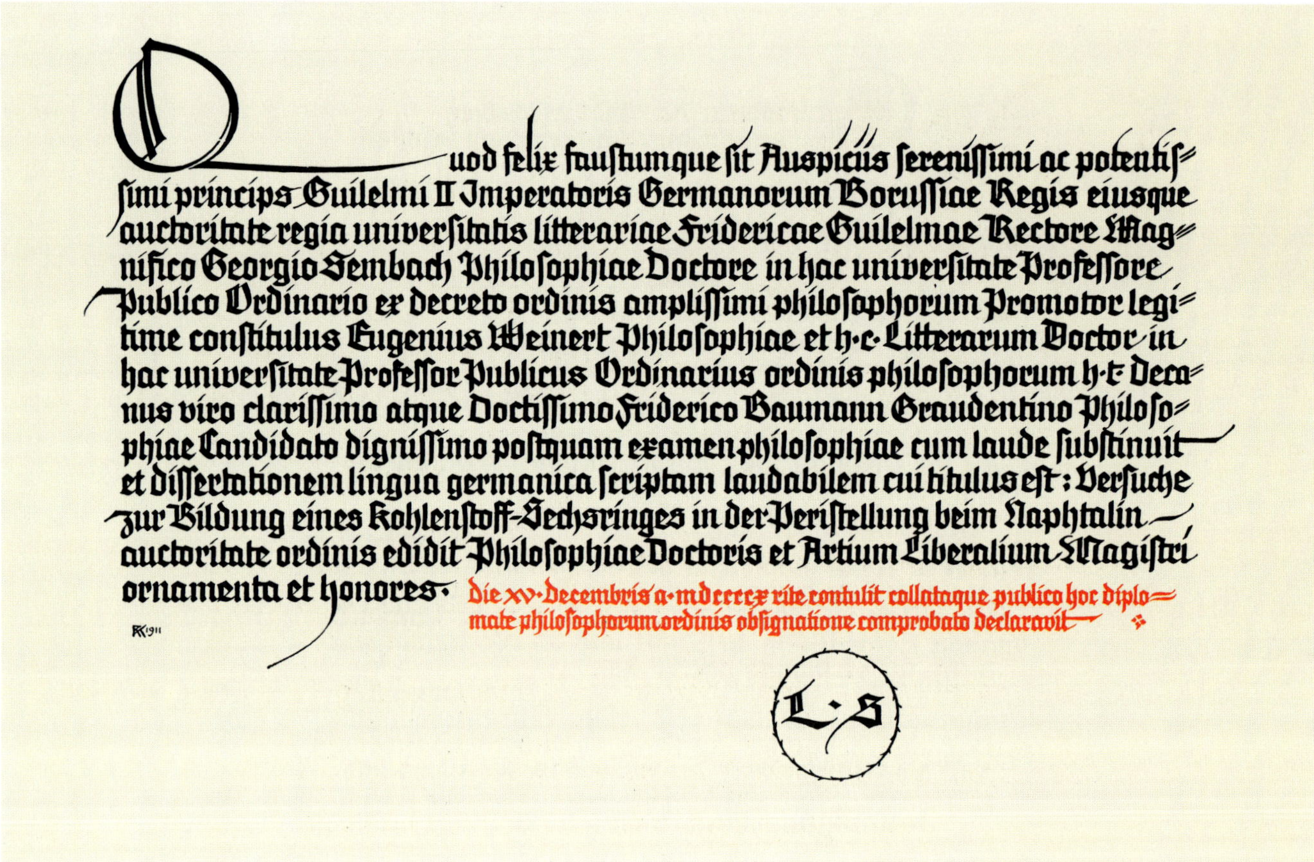
Quod felix faustumque sit Auspiciis serenissimi ac potentissimi principis Guilelmi II Imperatoris Germanorum Borussiae Regis eiusque auctoritate regia universitatis litterariae Fridericae Guilelmae Rectore Magnifico Georgio Sembach Philosophiae Doctore in hac universitate Professore Publico Ordinario ex decreto ordinis amplissimi philosophorum Promotor legitime constitutus Eugenius Weinert Philosophiae et h·c· Litterarum Doctor in hac universitate Professor Publicus Ordinarius ordinis philosophorum h·t· Decanus viro clarissimo atque Doctissimo Friderico Baumann Graudentino Philosophiae Candidato dignissimo postquam examen philosophiae cum laude substinuit et dissertationem lingua germanica scriptam laudabilem cui titulus est: Versuche zur Bildung eines Kohlenstoff-Sechsringes in der Peristellung beim Naphtalin auctoritate ordinis edidit Philosophiae Doctoris et Artium Liberalium Magistri ornamenta et honores· die XV· Decembris a· MDCCCCX rite contulit collataque publico hoc diplomate philosophorum ordinis obsignatione comprobato declaravit

RK 1911

L·S

Rudolf Koch:
Doktordiplom in lateinischer Sprache

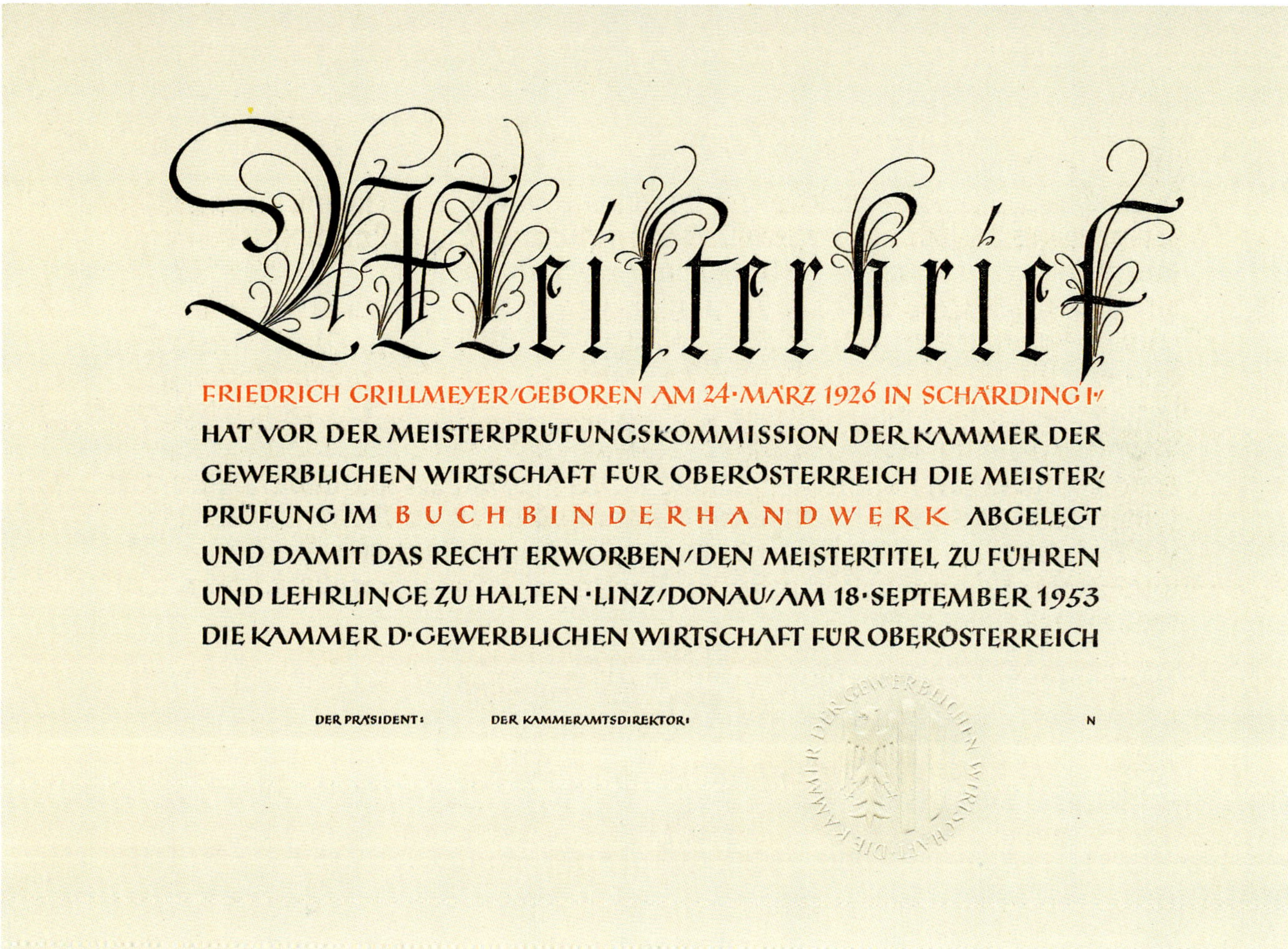

Meisterbrief

FRIEDRICH GRILLMEYER/GEBOREN AM 24·MÄRZ 1926 IN SCHÄRDING I/I
HAT VOR DER MEISTERPRÜFUNGSKOMMISSION DER KAMMER DER
GEWERBLICHEN WIRTSCHAFT FÜR OBERÖSTERREICH DIE MEISTER/
PRÜFUNG IM BUCHBINDERHANDWERK ABGELEGT
UND DAMIT DAS RECHT ERWORBEN/DEN MEISTERTITEL ZU FÜHREN
UND LEHRLINGE ZU HALTEN ·LINZ/DONAU/AM 18·SEPTEMBER 1953
DIE KAMMER D·GEWERBLICHEN WIRTSCHAFT FÜR OBERÖSTERREICH

DER PRÄSIDENT: DER KAMMERAMTSDIREKTOR: N

Prof. Friedrich Neugebauer:
Meisterbrief

Ehrenurkunde
des Gemischten Chors
Harmonie 1835 Radolfzell
für Herrn

LEO REIN

In Würdigung
der besonderen Verdienste
als langjähriges aktives Mitglied,
in der Vorstandschaft und als
amtierender Erster Vorstand
wird anläßlich
der Generalversammlung das
Ehrenmitglied Leo Rein
mit Dank und Anerkennung
zum Ehrenvorstand der
Harmonie 1835
ernannt

RADOLFZELL

ZWEITER VORSTAND: 17. MÄRZ 1989 GESCHÄFTSFÜHRER:

Linke Seite:
Ernst Schumacher: Ernennung

unten:
Wappenarchiv Dochtermann:
Wappenurkunde

DANKESCHÖN.

Die Verfasser danken nachstehenden Personen, Unternehmen und Vereinigungen für ihre freundliche Abdruckerlaubnis, fachliche Beratung und Hilfe zu diesem Buch:

Prof. Friedrich Neugebauer, Bad Goisern
Prof. Walter Stähle, Stuttgart
Urkundenverlag Ernst Schumacher, 78315 Radolfzell, Schäferhalde 10
Leopold Feichtinger, Schriftmuseum, A-4643 Pettenbach
Bund für deutsche Schrift und Sprache, 26189 Ahlhorn
Heintze und Blanckertz GmbH & Co KG, Frankfurt/M.
Christian Stang, Regensburg
Familie Hoppmann, Heldenbergen

Wappen-Urkunde

Hiermit sind alle ehelichen Leibeserben und Nachkommen beiderlei Geschlechts in gerader Linie absteigenden Stammes, deren väterliche Stammreihe auf den um 1653 geborenen Zimmermeister Jacob Hubmann zurückgeht, berechtigt, das von Horst Ulrich Hoppmann am 15. Julmond 1970 neu angenommene und nachstehend beschriebene Familienwappen:

In Blau ein silbernes Schildhaupt, rechts belegt mit einem schreitenden rotbewehrten schwarzen Leoparden mit untergeschlagenem Schweif, das Ganze überdeckt von einem schrägglinken Wellenbalken in verwechselten Farben.
Auf dem Stechhelm mit blau-silberner Decke ein wachsender, blau mit schwarzer Hose, roter, mit goldenen Knöpfen besetzter Weste, silbernem Hemd und blauem Binder gekleideter Mann mit schwarzem Dreispitz, in der erhobenen Rechten ein goldengestieltes, silbernes Beil haltend, die Linke in die Hüfte gestützt.

nach Wohlgefallen zu allen und jeglichen, ehrlichen und redlichen Sachen und Geschäften, an allen Orten und Enden, zu allen Zeiten, zur Unterscheidung Gleichnamiger zu führen, gebrauchen und genießen.

Zu Stuttgart beurkundet am 8. Brachet 1973 unter der Nr. 10.698: Wappenarchiv Dochtermann

Hoppmann
– Hubmann/Hobmann –

Hubmann			
Jacob	* Sillingsbach ?	(16. 10. 1653)	Zimmermeister
Hanß Martin	* Oberregenbach	13. 2. 1697	Zimmermeister
Johann Gottlieb	* Stolpen	7. 10. 1738	Kürschnermeister
Hobmann			
Christian Gottlieb	* Schandau	24. 2. 1766	Kürschnermeister
Johann Gottlieb	* Schandau	14. 8. 1796	Schmiedemeister
Hoppmann			
August Ernst	* Hohensalza	14. 1. 1845	Schustermeister
Karl Paul	* Hohensalza	29. 3. 1870	Friseur, Dentist
Dessen Söhne:			
Hermann Gustav	* Hohensalza	14. 1. 1900	Zahnarzt
Karlheinz	* Hohensalza	6. 4. 1902	Dentist
Richard Walter	* Hohensalza	25. 3. 1904	Dentist
Joachim Dietrich	* Frankfurt (Oder)	21. 10. 1907	Tischlermeister
Horst Ulrich	* Frankfurt (Oder)	10. 3. 1915	Angestellter
Söhne von Hermann:			
Dietrich Max Karl Hermann	* Cerito/Brasilien bei Pelotas	4. 11. 1923	Ingenieur
Gernot Erich	* Saalfeld (Saale)	25. 12. 1932	Zahnarzt
Söhne von Joachim:			
Hagen Ehrhard	* Berlin	20. 12. 1937	Sozialarbeiter
Detlef Dietrich	* Berlin	30. 10. 1941	Balletttänzer
Söhne von Horst:			
Hartmut	* Berlin	11. 4. 1942	Ingenieur (grad.)
Wilfried	* Halle (Saale)	31. 8. 1943	Ingenieur (grad.)
Sohn von Hartmut:			
Dietger	* Hamburg	9. 9. 1968	

Literaturverzeichnis

Urkunden

Genzmer, Fritz: *Urkunden, Diplome, Adressen.* – Frankfurt/Main: Verlag Klimsch & Co 1937

Stähle, Walter/Linz, Alfred/Kurz, Gotthilf: *Die Urkunde* (Entwurf, Schrift, Typographie, Einbandgestaltung). – Ulm: Karl Gröner Verlag 1969

Kalligraphie

Egerer, Helmut: *Schreibschriften.* – Augsburg: Augustus Verlag 1991.

de Goede, Julius: *Kalligraphie für Einsteiger.* – Augsburg: Augustus Verlag 1990

de Goede, Julius: *Schrift – Die schönsten kalligraphischen Alphabete.* – Augsburg: Augustus Verlag 1990

de Goede, Julius: *Kalligraphie mit gotischen und Frakturschriften.* – Augsburg: Augustus Verlag 1991

de Goede, Julius: *Initialen kalligraphieren.* – Augsburg: Augustus Verlag 1992

Johnston, Edward: *Schreibschrift, Zierschrift und angewandte Schrift.* Berlin: Klinkhardt & Biermann 1914

Kapr, Albert: *Schriftkunst* (Geschichte, Anatomie und Schönheit der lateinischen Buchstaben). – München: K. G. Saur, 1983

Korger, Hildegard: *Schrift und Schreiben.* – Leipzig: VEB Fachbuchverlag 1982

Kunze, Reinhard: *Du Mont's Handbuch Kalligraphie.* Köln: Du Mont Buchverlag 1992

Larisch, Rudolf von: *Unterricht in ornamentaler Schrift.* – Wien: Österr. Staatsdruckerei 1929

Nerdinger, Eugen/Beck, Lisa: *Kalligraphie – Schriftschreiben* (Band 2). – München: Callwey Verlag 1988

Neugebauer, Friedrich: Kalligraphie als Erlebnis. – Salzburg: Neugebauer Press 1979

Schade, Ingrid: *Kalligraphie – Gestalten mit Schrift.* – Niedernhausen/Taunus: Falken Verlag 1990

Stähle, Walter: *Kalligraphie* (Eine Anleitung zum Schreiben künstlerischer Schriften). – Stuttgart: Frech Verlag 1983

Tinten, Farben, Vergolden

Schenk, Andreas: *Kalligraphie* – Die stille Kunst, eine Feder zu führen. Das Werkbuch zum Schönschreiben. – Aarau (Schweiz): AT-Verlag 1989

Typographie

Hagenmeier, Otto: *Der Goldene Schnitt* (Ein Harmoniegesetz und seine Anwendung). Augsburg: Augustus Verlag 1990

Renner, Paul: *Die Kunst der Typographie.* – Berlin: Frenzel & Engelbrecher 1939

Tschichold, Jan: *Ausgewähle Aufsätze über Fragen der Gestalt des Buches und der Typographie.* – Basel: Birkhäuser Verlag 1975

Tschichold, Jan: *Erfreuliche Drucksachen durch gute Typographie.* – Ravensburg: Otto Maier Verlag 1960

Papier

Renker, Armin: *Das Buch vom Papier.* – Wiesbaden: Insel-Verlag 1951

Buchbinden

Dastrup, A./Riberholt, K.: *Buchbinden.* – Köln: Rudolf Müller GmbH 1985

Kiel, Jan/Löbler, Ruud: *Buchbinden* (Einführung in eine traditionelle Technik). – Ravensburg: Otto Maier Verlag 1981

Heraldik

Hußmann, Heinrich: *Über deutsche Wappenkunst.* – Wiesbaden, Guido Pressler Verlag 1973

Volborth, Alexander von: *Heraldik* (Eine Einführung in die Welt der Wappen). – Stuttgart/Zürich: Belser-Verlag 1992

Rechtschreibung und Stilkunde

Duden – Band 1 »Rechtschreibung der deutschen Sprache«, herausgegeben von der Dudenredaktion. – Mannheim: Bibliographisches Institut 1991

Dornseiff, Franz: *Der deutsche Wortschatz nach Sachgruppen.* – Berlin: Walter de Gruyter & Co 1970

Hallwass, Edith: *Vergnügliches Sprachtraining Deutsch.* – München: Humboldt-Taschenbuchverlag 1992

Reiners, Ludwig: *Stilfibel* (Der sichere Weg zum guten Deutsch). – München: Verlag C. H. Beck 1990

Stang, Christian: *Zeichensetzung – kurz und bündig.* – München: Humboldt Taschenbuchverlag 1994

Textor, A. M.: *Sag es treffender* (Handbuch sinnverwandter Wörter und Ausdrücke). – Reinbek: Rowohlt 1969